Innovative
Design

创新设计丛书
上海交通大学设计学院总策划

设计管理学研究

张立群

著

上海交通大学出版社
SHANGHAI JIAO TONG UNIVERSITY PRESS

内容提要

本书分为九章,以产业为基础视角,就企业层级设计管理、产业层级设计管理、区域层级设计管理和国家层级设计管理这四个层面的设计管理活动展开了分析与论述。本书可以为从事设计管理研究,尤其是设计政策研究的专业人士与研究人员提供创新设计发展研究方面的引导和政策依据,同时为相关政府、地区、企业、服务机构、产业联盟、园区等制定设计政策与战略提供有益参考。

图书在版编目(CIP)数据

设计管理学研究/张立群著. —上海:上海交通大学出版社,2020.12
  ISBN 978-7-313-22550-4

  Ⅰ.①设… Ⅱ.①张… Ⅲ.①产品设计—企业管理
Ⅳ.①F273.2

  中国版本图书馆 CIP 数据核字(2019)第 263484 号

设计管理学研究
SHEJI GUANLIXUE YANJIU

著　　者:张立群
出版发行:上海交通大学出版社　　　　地　　址:上海市番禺路 951 号
邮政编码:200030　　　　　　　　　　电　　话:021-64071208
印　　制:当纳利(上海)信息技术有限公司　经　　销:全国新华书店
开　　本:710mm×1000mm　1/16　　印　　张:10.25
字　　数:159 千字
版　　次:2020 年 12 月第 1 版　　　　印　　次:2020 年 12 月第 1 次印刷
书　　号:ISBN 978-7-313-22550-4
定　　价:58.00 元

前言

　　近年来,随着云计算、大数据、人工智能、物联网等新一代信息技术的广泛应用,供给侧改革在各个产业层级深化落实,我国设计产业呈现快速发展态势：设计创新能力不断增强,已经成为国家创新驱动战略的重要支撑;设计服务业规模持续扩大、聚集能力增强,与制造业和服务业的融合度不断加深,成为价值链迈向中高端的重要推动力;企业设计创新意识和投入不断提高,自主品牌和市场拓展能力在工业设计的运用中得到增强;设计人才和设计教育规模已经位于世界前列,为我国迈向设计强国奠定了坚实基础。为了进一步推进供给侧结构改革,促进产品升级、产业升级和服务升级,加快技术创新、业态创新和模式创新,提升企业、产业乃至国家的创新竞争能力,设计产业亟待深化设计管理认知,加快范式转型,促进资源优化,提升系统能力。

　　设计管理是对设计及其过程从微观到宏观进行规划和实施的一系列管理实践。从微观层面看,设计管理主要涉及为达成设计开发项目的目标而对项目任务进行的规划与引导;从中观层面看,设计管理主要是对在企业将设计作为确立竞争优势和实现产业及商业目标的重要资源的视野下所涉及的相关任务(如企业设计资源管理政策)的规划和引导;从宏观层面看,伴随着全球化以来的国际经济、文化的频繁交流、互动和竞争,设计已经成为发达国家和发展中国家建构国家综合竞争能力的重要组成部分,设计管理活动从企业设计资源管理的层级提升到产业、区域、国家的设计资源管理层级,包括国家设计系统、设计政策和产业政策的研究与实践。

　　上海交通大学设计学院设计管理研究所成立于 2006 年,源自 2004—2006 年交大设计管理研究团队作为欧亚八校成员之一参与欧盟发起的 AsiaLink 倡议下的 Sino-European Design Management Network 研究项目,并于 2006 年成功主办 D2B(从设计到商业)第一届国际设计管理论坛等相关研究工作方方面面的成果与收获。伴随着这个学术团体的形成,作者在设计管理研究方面的兴趣也得到了培育和激发。此后,作者陆续参与了由英国 Design Council 主导的 Design 2020——Design Industry Futures(2008)项目、英国艺术与人文科学研究委员会项目 UK-China Collaborative Partnerships in Employability & Entrepreneurship(PMI2:A&HRC UK 首相创新项目 2008—2009)、英国研究理事会项目 Design for the UK & Chinese consumer markets(2010)、中国工程院重大咨询项目"创新设计发展战略研究"(2014)和英国文化部项目 TTI-Talking Through Internships(2016—2018),深入展开了设计产业政策与设计管理比较研究。另外,在地方新区工业设计产业规划、国家经济区域设计资源研究和国家设计创新产业政策研究方面的实践,进一步推动了作者对设计的认知,以及对从产品设计、设计策略、设计资源向产业体系、区域经济和国家设计政策拓展的理解。作者的设计产业与设计政策相关研究成果还包括:主编《中国工业设计发展报告(2014)》(上海交通大学"985"工程三期高水平文科专项建设项目)及《中国创新设计发展报告》(2016)(2017);依托教育部哲学社会科学系列发展报告《中国都市化进程报告》发表 6 个年度报告《世界设计之都创新发展报告》,以及《全球创意产业发展的主要特征及趋势》(CCIEE 智库报告《国际经济分析与展望 2016—2017》专题报告,社会科学文献出版社)和《工业设计产业发展情况及展望》(《2018 年战略性新兴产业发展展望》专题报告,中国计划出版社)等。

本书内容来自对上述研究成果的梳理,分为 9 章,以产业为基础视角,就企业层级设计管理(第 1 章 设计管理及其变革)、产业层级设计管理(第 2 章 设计创新与产业转型、第 3 章 工业设计产业的中国实践与展望、第 4 章 全球创意产业发展的主要特征及趋势)、区域层级设计管理(第 8 章 设计产业的都市格局及第 9 章 设计产业的区域布局)和国家层级设计管理(第 5 章 设计创新与国家设计系统、第 6 章 设计产业与设计政策、第 7 章 国家设计政策及其体系)这四个层面的设计管理活动展开了分析与论述。本书可以为从事设计管理研究尤其是设计政策研究的专业人士与研究人员提供创新设计发展研究方面的引导和政策依据,同时为相关政府、地区、企业、服务机构、产业联盟、园区等制定设计政策与战略提供有益参考。

设计活动内涵丰富，具有鲜明的时代气息，研究者和实践者在现实的设计管理活动中必然会面对"乱花渐欲迷人眼"的纷扰，也必将经历禅宗大师青原惟信"见山是山，见水是水"的认知发展过程。本书立足产业视角，仅能窥得大千世界一隅，且水平有限，文中所述难免存在不足之处，敬请读者提出宝贵意见。

张立群

2019 年 10 月于上海交通大学设计学院

设计管理研究所

目录

第 1 章

设计管理及其变革

1.1 设计管理活动及其方法

近 50 年来，设计管理的活动目标与内容经历了较大的变化。自 1960 年以来，将设计管理作为一种创新资源更有效地管理设计项目、实现产品和服务差异化以及打造品牌价值的研究与实践已经屡见不鲜。设计管理既被视为一个从分析客户需求到推出新产品或服务的过程，也被概念化为一种统筹组织和个体之间利益关系的职能。

早期的设计管理被认为仅限于设计项目的管理，但是随着时间的推移，设计管理的应用范围不断扩大到包括企业战略等更广泛的层面。设计管理也已经开始提出自己原生的管理概念与理论（如近来关于将设计思维引入战略管理、作为管理学在跨学科和以人为本的途径上的延伸），反过来对管理尤其是创新管理产生了影响。设计管理作为一种新的范式，与传统的管理模式的不同之处在于，其对分布式资源管理、协同、迭代的工作方式以及发散的思维模式的重视。越来越多的企业开始应用设计管理来提高相关设计活动的质量与效率，更好地将设计与企业管理流程融合起来。

总体而言，"设计管理"这一概念目前主要用于描述在设计作为商业资源的语境下对设计及其过程从宏观到微观进行规划和实施的一系列管理实践。这为界定设计管理方法确立了基础。

从微观层面看,设计管理主要涉及为达成项目目标而对项目实施的任务进行规划与引导。从项目全周期的跨度看,这些任务通常包括项目意向书、设计简报、合同、预算、项目团队、项目日程管理、草图、设计原型、生产规划、质量控制、文件与档案管理等。这一层面的设计管理方法主要涉及对项目层面的资源与效率进行管理的方法。

从宏观层面看,设计管理主要是对在企业将设计作为确立竞争优势和实现商业目标的重要资源的视野下所涉及的有关任务(如策略设计)的规划和引导。这些任务包括策略规划、组织设计、品牌与产品识别系统开发、营销传播、企业创新标准与政策、创新行动计划和各种形式的研究(客户/用户、竞争者、技术与市场、文化与社会等)。这一层面的设计管理方法主要涉及建构企业宏观战略及在此基础上对企业层面的资源与效率进行管理的方法。

1.2 设计管理研究与实践内容的演化与方法体系的发展

设计管理一词由英国皇家艺术协会(Royal Society of Arts)于 1965 年首次提出[1]。自 1966 年法尔出版第一本设计管理方面的著述以来[2],虽然已有近 50 年之久,但是与管理学相比较,设计管理依然是一个新兴的研究领域[3]。2011 年召开的剑桥设计管理学术会议被认为是设计管理开始吸引学术界兴趣的象征,在此之前设计管理得到的关注主要来自设计实务界。

设计管理研究在最近 10 多年的发展中呈现出一些新的显著转变。一个针对 1989—1997 年及 1998—2006 年两个时期在 *Design Management Journal* 及 *Design Management Review* 上合计发表的 765 篇论文进行的文献研究表明,在近 20 年的发展历程中,设计管理的关注焦点已经从如何将设计用于提升产品的"附

---

① Best K. Design management: managing design strategy, process and implementation [M]. Lausanne: AVA Publishing, 2006.

② Farr M. Design management [M]. London: Hodder and Stoughton, 1966.

③ Vazquez D, Bruce M. Exploring the retail design management process within a UK food retailer [J]. The International Review of Retail, Distribution and Consumer Research, 2002(12): 437 - 448.

加"价值转移到如何将设计作为企业创新的战略工具①。一个与之类似的研究还发现1991—2000年设计管理主要聚焦在与领导力概念相关的问题上②。另外一个研究描绘了设计管理从1960年仅作为产品开发项目管理的一部分转型为当今广泛的商业活动中重要的创意来源与构成内容的历史发展脉络③。

埃里克森和克里斯坦森借助进化理论对2000年至2010年间设计管理领域的文献进行了研究④。表1.1呈现了2000年至2010年间的6个年份中在 *Design Management Journal* 上发表的论文所反映出来的设计管理焦点议题的变化。所有的论文都直接涉及设计概念,而在管理这一概念上总体探讨的频率较低。不过需要强调的是设计和管理这两个词实际上更频繁地以设计管理一词的形式出现。另外,管理概念也更多地以其他一些商业术语如品牌、营销、商业与生产呈现,也就是说,这些词所指的内容也正是管理的内容。

表1.1　2000年至2010年间在DMJ上发表的论文所涉及的概念频率

概念/年份	2000		2002		2007		2008		2009		2010	
设计	100%		100%		100%		100%		100%		100%	
排序前三位的主导设计议题概念	产品	57%	产品	74%	管理	37%	产品	63%	知识	24%	产品	17%
	开发	49%	开发	40%	开发	17%	团队	28%	工作	16%	研究	12%
	成本	28%	流程	50%	品牌	16%	公司	24%	公司	16%	创新	12%
管理	13%		34%		37%		19%		16%		12%	

注:2001年及2003年至2006年的论文缺失,因为在这几个年份DMJ没有出版。

图1.1呈现了2000年至2010年间设计管理文献的焦点内容的变化,与设计活动相对应,以设计管理活动焦点为观照对象,可以发现近年设计管理方法发生了如下一些显著变化:

(1)设计对于价值创造的重要作用已经获得了广泛认知。设计管理研究与实

① Kim Y J, Chung K W. Tracking major trends in design management studies [J]. Design Management Review, 2010,18(3):42-48.
② Rickard T, Moger S. Creative leaders: a decade of contributions from creativity and innovation management journal [J]. Creativity and Innovation Management, 2006,15(1):4-18.
③ De Mozota B B, Kim B Y. Managing design as a core competency: lessons from Korea [J]. Design Management Review, 2009(20):66-76.
④ Erichsen P G, Christensen P R. The Evolution of the design management field: a Journal Perspective [J]. Creativity and Innovation Management, 2013,22(2):107-120.

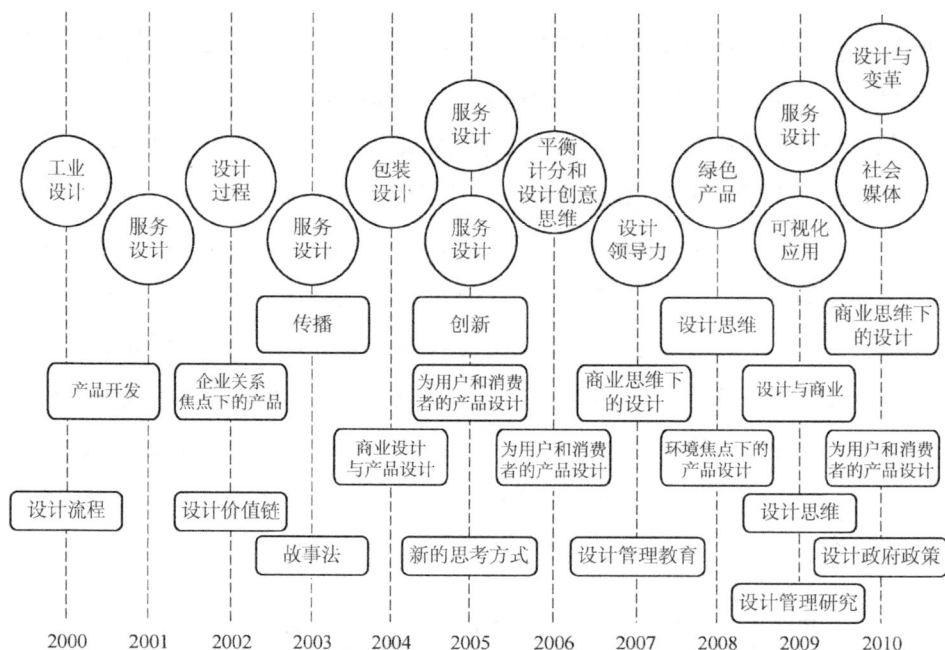

图 1.1 2000 年至 2010 年间设计管理文献的焦点内容
(资料来源：埃里克森和克里斯坦森，2013。本研究整理)

践领域都认为，以设计驱动的跨学科整合性创新理念是当前进行价值创造的重要途径。设计管理方法开始从项目管理方法向整合设计资源管理方法进行拓展，具体表现为市场细分与定位、SWOT 分析、品牌建设与管理、用户研究与 Persona、商业模型等开始成为设计管理的工具。

（2）设计思维成为设计管理的重要内容，设计思维也带动和充实了设计管理方法的发展，设计管理实践已经从单纯关注如何管理设计过程发展到如何借助设计思维创造价值。"设计思维"这一术语已经与诸如商业模型设计和整合设计的管理方法所具有的重要价值联系在一起。

（3）对设计资源的管理已经从关注组织内资源转变为对组织内外的分布式设计资源的管理，借助整合资源推动设计创新反映了当今设计活动的系统思维已经形成。

（4）设计管理对商业和用户关注的不断增强推动了用户研究、参与式设计过程、新的价值链管理等方法的形成与发展。

（5）设计活动呈现出从产品向交互与系统设计的演化，并已经引发设计管理研究焦点的变化①。这使得设计管理方法从组织与引导单一产品开发的工具跃升为支持企业展开系统性和平台化产品创新,这也促进了更丰富的设计管理方法的开发与引入。

1.3 设计管理系统的基本模型

从设计管理理论体系来观察,我们更容易形成对当今设计管理活动全貌的认知,也更容易对在此基础上建构的方法系统进行全方面了解。

一般而言,在设计管理理论研究的基础上,设计管理方法体系主要由设计决策管理方法、设计组织管理方法、设计项目管理方法构成,其核心是设计创新要素(见图1.2)。设计创新始终渗透在每一个具体的设计管理活动之中,它既是设计管理的最终目标,也是设计管理方法的最终指向。

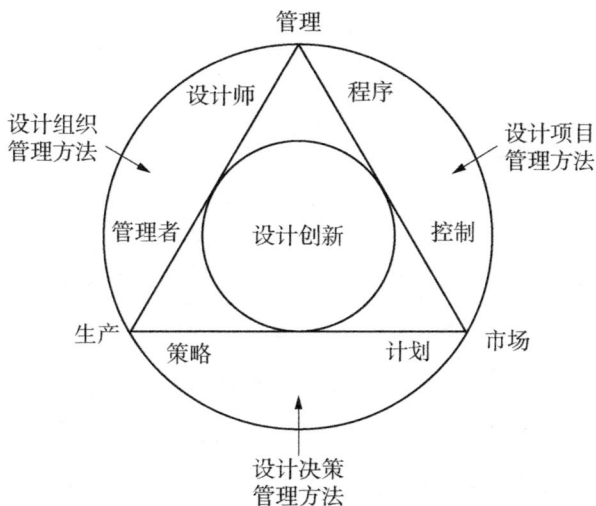

图 1.2 设计管理方法体系基本架构
(资料来源:刘国余②。本研究整理)

---

① Buchanan R. Research design and new learning [J]. Design Issues,2001(17): 3-23.
② 刘国余. 设计管理[M]. 2版. 上海:上海交通大学出版社,2007.

1.3.1 设计决策及其方法

在设计管理活动中,设计决策的正确与否将直接影响设计能否获得成功、设计目标是否能达到、企业的经营是否卓有成效等大问题。因此,进行正确的设计决策在设计管理活动中是至关重要的。设计决策包括设计政策决策、设计战略决策、产品战略决策、设计项目决策 4 个层级的内容(见表 1.2)。设计决策管理涉及两个工作:策略制订与执行(计划)。设计决策是一个复杂的系统过程。管理者要做出正确的设计决策,最基本的一点就是要正确了解企业内部与外部的环境因素,明确组织要达到的基本目标和要求,这就需要流程与方法的支持。在明确组织目标和要求的基础上,才能根据自身的实际情况,做出科学合理的决策。

表 1.2　设计决策方法

	一般设计决策方法	技术性设计决策方法	宏观设计决策方法	其　他
设计政策决策	经验资料法 逻辑推理法 设计调查法	数学分析法 模拟模型法	总体目标法 系统分析法 综合平衡法 战略规划法	行政决策方法
设计战略决策				
产品战略决策				
设计项目决策				

设计决策方法,即进行设计决策时所采用的科学方法,主要包括一般设计决策方法、技术性设计决策方法、宏观设计决策方法等几种。

一般设计决策方法适用于各种决策而无特殊的要求。有适用于整个决策过程的方法,也有仅适用于某一阶段决策的方法。常用的一般设计决策方法如下:①经验资料法。设计决策者凭借以往的经验,搜集有价值的设计信息,获得有关的事实和数据,根据现状做出决策。②逻辑推理法。决策者通过与设计活动有关的现象的性质、产生的原因和发展经过等因素,推断出对另一类似现象的认识,从而制订出相应的行政决策。此法具有较强的逻辑性,但不能做无条件的推理。③设计调查法。决策者对设计问题的概貌了解后,对代表性对象进行系统深入的调查和分析,以支持设计决策的实施。

技术性设计决策方法指具有特殊要求而技术性较高的决策方法。科学决策常常不是用一般决策方法所能解决的。它涉及数学模型、形态模型等问题。主要技术性设计决策方法如下:①数学分析法。数学模型通常有两种,一种是描述某一设计决策对象中各因素之间的相关关系,如多因素构成的消费者审美因素模型;另一种是描述某一设计决策对象中各因素之间的因果关系,如有因果关系的设计人才需求模型。根据模型进行运算和推导,获得精确的计算结果,然后做出符合实际的决策。此法采用定量分析才比较客观,但应用时须具备数学条件,如充足的设计资源数据。②模拟模型法。设计决策者对某些设计要素关联互动系统做出模拟,通过对模拟模型的分析研究,认识实际系统的结构和功能。例如竞争性市场中产品属性的交互影响模型,就是用于研究企业开发的新概念产品进入市场后所引发的市场生态改变对企业后续创新活动的影响。此法对特定决策较适用,但须具备较翔实的数据,并借助计算机完成。

宏观设计决策方法指层次较高、范围较广、时期较长的决策方法。宏观决策要求决策者具有观察企业内外资源环境与变化的宏观视野和综合分析能力。常用的宏观决策方法如下:①总体目标法,即由组织成员共同参与制订和实现总体目标的决策方法。此法强调建立一个共同的总体目标(如一个创新的新产品系列),注重组织高层的指挥和领导作用,通过组织自上而下逐级化解和落实总体目标,并分层保证实施一体化的目标,以及加强信息的传播和反馈,鼓励组织的发展和变革,最终实现行政决策。此法关键在于提出总体目标,强调组织的整体意识和组织成员的共同参与。②系统分析法,决策者把设计资源当作一个完整的有机系统,决策时既要看到整体对组成部分的作用,又要强调系统与社会环境的关系,通过系统与社会环境间的物资、能量和信息的交换,使决策发挥最大的系统效益。此法注重系统分析,强调系统各部分的协调关系。③综合平衡法,决策者从宏观上指导、控制和保持各部分决策的综合平衡,以达成设计创新资源多要素间的协调、一致和平衡,包括静态与动态发展的平衡,投入与输出资源的平衡,消耗与收益之间的平衡。④战略规划法,为实现长远战略目标、应对未来不确定性而制订的较全面、较长期的规划,如基于情景规划的产品规划①。战略规划是日常管理决策的重要基础,在宏观决策中具有关键性和纲领性的意义。

1.3.2　设计组织管理及其方法

设计组织是执行设计决策的基础和保证,没有一个科学合理的设计组织,各层次的设计目标就无法实现。根据设计活动展开的特征,构建合适的设计组织,成立切合运作实际的设计队伍,创造一个良好的组织环境是设计管理的一项重要内容。

设计组织管理是通过建立支持设计活动实施的组织结构,规定职务或职位,明确责权关系,使设计组织中的成员互相协作配合、共同劳动,有效实现组织目标的过程。设计组织管理是设计管理活动的重要构成部分。

设计组织的存在是为了实现通过设计创新提高企业竞争能力这一根本目标,设计组织管理的存在是为了提升设计创新效率。设计组织管理的方法通常建立在以下3个观点之上。

(1) 设计组织(如设计部门、设计团队)是一个实体,在设计组织中的设计师个体和群体(如项目组)需要用目标、责任、权力来连接;设计组织注重的是责任、权力和目标;同一个权力、责任和目标必须是同一组人承担。

(2) 设计组织里的人与人之间是公平的,而不是平等的。组织的构成包含3个部分:个体、群体、组织。在一个设计组织结构中,个体之间是在以同一个目标为前提的共存环境下承担各自的责任和目标,从而拥有了不同的权力,也因此设计组织成员之间的关系应该是公平的,但非平等的。

(3) 设计组织的目标必须是明确而单纯的。如果站在管理的角度理解组织的目标,则为企业建立竞争能力是设计组织最重要的目标。

设计组织管理的根本方法是科学分工。设计组织的能力来源于设计活动分工带来的创新协作。对于设计组织而言,无论是组织结构设计还是人员的选择,实际上都是责任和权力分配的问题。清晰的设计沟通流线、控制设计过程、责任边界和

---

① 张立群. 以产品策略应对未来不确定性:一种基于情境规划的方法[C]//刘吉昆,蔡军. 设计管理　创领未来——2011 清华-DMI 国际设计管理大会论文集. 北京:北京理工大学出版社,2011:51-58.

设计决策门径都是至关重要的。这就需要对分工进行设计,不能够依靠人的自觉或者管理制度,组织结构设计的意义就在于此。组织的分工主要是分配责任和权力。组织必须保证对于一个企业所必须承担的责任有人来负责,同时负有这个责任的人拥有相应的权力。

设计组织管理的方法通常包括设计组织形态、设计组织类型、设计组织运行、设计组织环境等几种(见表1.3)。

表 1.3 设计组织方法

	设计组织形态	设计组织类型	设计组织运行	设计组织环境
内部资源	扁平型组织形态法、锥形组织形态法、分布式组织形态法等	职能型组织法、产品类别组织法、矩阵式组织法等	有机型组织运作法、设计圈组织运作法、变形虫组织运作法等	劝导法、规范法、激励法、示范法、实践法、暗示法、感染法等
外部协作资源
社会化资源

1.3.3 设计项目管理及其方法

设计项目管理就是对某个具体的设计项目进行管理。设计项目管理活动始终与设计的程序一起并行发展,因此对设计项目的管理可视为是对整个设计过程的管理。

设计项目管理是将管理的知识、工具和技术运用于项目活动上,来解决设计项目的问题或达成设计项目的需求。具体而言,设计项目管理包含领导、组织、用人、计划、控制等5项主要工作。

设计项目管理方法主要有阶段化管理、量化管理和优化管理3个方面(见表1.4)。

表 1.4 设计项目管理方法

	阶段化管理	量化管理	优化管理
设计项目领导	设计流程标准化方法、路径管理法、门径管理法等	设计资源要素量化管理法、过程任务量化管理法、效率量化评价法等	设计档案法、决策回溯法、设计资源配置优化法、设计质量标准迭代优化法等
设计项目组织
设计项目用人
设计项目计划
设计项目控制

（1）阶段化管理。阶段化管理指的是从设计项目立项之初直到产品制造的全过程。根据设计项目的特点,项目管理通常会分为若干个小的阶段以便于管理。

（2）量化管理。量化管理是一个重要的设计项目运作管理方法,通过对项目各方面进行尽可能地量化并加以数据管理,做到明晰责任。为此,必须把各种设计目标、产品开发投入、设计成果等分类量化,如根据前期的需求工程定义产品属性后,精确计算每阶段所需的设计和工程人力资源、物力、财力等。把各种量化指标存入数据库,就能够轻而易举地解决上述问题了。每个阶段都有清晰的量化管理,就有利于整个项目进程的推进。

（3）优化管理。优化管理就是分析设计项目每部分所蕴含的显性和隐性知识(包括经验和教训),更好地支持项目进程中的知识获取,从而有利于进一步优化项目管理,并在设计知识积累的过程中提高组织设计能力。

1.4　当代设计管理及其方法的特点

从以上设计管理所涉及任务的内容和类型看,"管理方法"和"设计管理方法"之间的界限似乎并不是那么清晰。但是与一般管理相比较,设计管理有着一些适合于对设计这种独特的创新活动进行管理的鲜明特征,这也使得设计管理方法与一般管理方法有着明显不同。

1.4.1　反映出显著集成性和整合性特点

设计管理注重对设计活动独有的一些特质如设计与价值、设计特有的人文艺术气息等的关注、培育与管理。设计是以创新的形式运用技术使其符合人性价值的中心要素,以及文化和经济交换的重要因素。设计融合了人性与技术、艺术与工艺、客户与商业,其显著的集成性和整合性特点表现在设计善于通过积聚多样化的资源来达成技术、人机工程、经济和美学等多向度的造物目标,并长于在平衡这些多维目标的过程中形成一个符合总体意图的整合解决方案。以人性价值的实现为目标进行创意力与多元资源的协同与管理是设计管理的核心,这与一般管理实践将关注点投射到经济表现和作业效率明显不同。

许多设计管理工具与市场研究、产品定位、用户角色定义、消费者细分等都是建立在对科技、商业与人之间关系的综合之上,为设计活动提供了重要的资源和知识支持。

1.4.2　侧重于对产品与品牌的视觉品质管理及商业价值实现的支持

设计管理实践的另一显著特点是,对现代生活中尤其是在商业和市场环境下的视觉要素及其品质的重视。消费情景中包含许多层面的视觉内容:产品及其包装、标志、广告、网站、售点陈列及零售环境等等。由此,视觉内容成为产品开发、品牌策略和营销传播的重要基础之一。设计教育中一个重要的目标就是将设计师培养成为视觉表达专家,成为"文化感知与显示的温度计"[①],在确保产品和服务的实际价值与意义的前提下,借助文化符号对产品与服务进行精雕细刻,以实现产品和服务价值增值和意义强化的目标。在竞争日趋激烈的当代市场背景下,如何通过视觉形象呈现、匹配和定义消费者(尤其是用户)所依存的文化总体对价值与意义的认知与界定,是当今商业传播的首要任务。这是设计管理不同于一般管理的另一鲜明特征,即重视产品与品牌视觉品质及其对提升商业表现的价值。这一特征有助于企业在竞争性商业环境中保持其品牌和产品的存在性和视觉感知性。

1.4.3　支持设计意识培育和设计文化建设

对于许多设计驱动型企业而言,整个企业所具有的"设计意识"对商业成功具有重要影响,为此,他们强调无论企业的产出是产品还是服务,都应将"设计思维"贯穿到商业活动的所有层面和组织的所有层级。培育企业的设计意识将有助于各层级的决策者和执行者都认识到设计的潜在价值,并利用设计从产品和组织创新、

---

① Cooper R, Press M. The design agenda: a guide to successful design management [M]. Chichester: John Wiley & Sons, 1995.

品牌形象强化和产品用户体验的改善等多个维度来提升企业的商业表现。作为商业策略构成内容的设计策略,其重要作用在于围绕核心企业目标对设计活动进行统一性的协调与整合,确保具体的、离散的设计任务与活动始终指向顶层的商业策略。如面向目标细分市场进行新的产品设计、品牌视觉形象设计甚至字体和标准色的研究和开发等,须始终符合设计策略,并最终支持商业策略的实施。在流程管理基础上,共享的设计意识将更有助于设计创新的过程流畅性和目标一致性得以实现。设计意识还会转化为企业设计文化,带动企业组织机构的转型。由于意识到设计对于企业创新的重要性,许多设计驱动型公司还会通过改良组织结构与管理程序以形成自上而下重视设计及鼓励多部门交叉合作的文化,以实现企业内部设计创新能力可持续增长。

1.4.4　致力于促进整合体验的创新

在近年来出现的许多新的设计管理概念中,"体验设计"是最受关注的焦点,这一焦点致力于探索设计用户(以及一般意义上的消费者)、产品(或服务)和制造商(或供应者)之间全面的交互与协作关系。体验设计关注作为客户的消费者,通过定制的多面向的设计策略,借助劝导式、沉浸式媒体环境为目标客户建构一个情景化产品体验环境。同时,体验设计关注作为用户的消费者是近年来广为认同的提升企业竞争力的着力点,自 1990 年以来,将信息通信技术(ICT)引入商业、设计和产品开发中,为用户体验的改善及新的用户体验的创造提供了重要条件,通过对原子和比特两个世界及其融合的探索,为增强品牌表现力寻找新的手段。

为应对体验设计的新要求,设计管理借助改良和优化设计流程、设计评估与门径管理、改组设计实务参与者构成和重建多利益方协作机制等方法,实现了以用户为中心的设计(UCD)理念及方法和参与式设计流程的导入;设计管理还通过引入新技术改变生产工艺以实现规模化产品的用户自定义和用户体验的分享,极大地丰富了从产品的生成体验、消费体验到使用体验的更为广泛的体验内容。

第 2 章

设计创新与产业转型

2.1 导语

工业设计是生产性服务业的重要组成部分，设计创新是企业实现自主创新的重要路径。提高设计创新能力是实现科技成果转化为现实生产力、提高工业产品质量和附加值、创造世界驰名品牌、提升制造业核心竞争力的关键环节，也是推动我国产业优化升级和经济发展方式转变的关键环节。当前我国虽然已经进入世界工业大国的行列，但仍然存在工业大而不强、快而不优，产业链以加工制造为主，国际分工地位处于全球价值链低端，以资源消耗为代价的粗放型增长模式突出等一系列问题，迫切需要走出一条通过创新驱动，提高全要素生产率，提高资源利用效率，具有中国特色的可持续发展的新型工业化道路。"十三五"时期是实现产业结构优化升级、全面打造经济升级、实现工业强国梦的关键时期，加快发展工业设计对于推动我国制造业转型升级、优化出口产品结构、提高产业国际竞争力、推动中国制造向中国创造转变，促进大学生就业、提高百姓消费品质、建设资源节约与环境友好型社会，以及实现可持续发展的目标都具有重要的战略意义。

工业设计对于推动产业转型升级的作用主要体现在以下几个方面：一是工业设计通过对新技术、新材料、新工艺的整合创新应用引领未来高端制造及新兴产业发展,提高制造业的附加值和国际竞争力是推动中国制造从原始设备生产商(OEM)向原始设计制造商(ODM)、原始品牌制造商(OBM)转变的重要手段;二是工业设计推动信息化、网络化与工业化、城镇化、现代化的深度融合发展,提高能源利用效率,形成清洁低碳、安全智能、可持续的能源体系,从源头上促进节能、降耗、减排,为可持续发展提供重要支持;三是工业设计通过吸收中华优秀传统文化,融合世界人类智慧和文明成果,推动人类工业文明、知识文明的繁荣进步,达到满足物质需求,引领精神需求,创造美好生活,促进社会和谐的目的;四是通过工业设计的观念意识和能力培养,有利于涌现更多创新创意创业人才,形成尊重和激励创新的环境氛围。

《中华人民共和国国民经济和社会发展第十二个五年规划纲要》明确提出工业设计从外观设计向高端综合设计服务转变的任务,这一时期我国工业设计取得了快速发展。2010年国家出台了《关于促进工业设计发展的若干指导意见》;2014年3月在国务院印发的《关于推进文化创新和设计服务与相关产业融合发展的若干意见》中,设计产业已经成为"支撑和引领经济结构优化升级"的重要抓手。2014年7月国务院印发《关于加快发展生产性服务业促进产业结构调整升级的指导意见》,明确提出了大力发展工业设计,培育企业品牌、丰富产品品种、提高附加值,促进工业设计向高端综合设计服务转变的目标,并提出支持体现中国文化要素的研发设计产品,鼓励建立专业化、开放型的工业设计企业和工业设计服务中心,促进工业企业与工业设计企业合作,发展研发设计交易市场,加快研发设计创新并将其转化为现实生产力。同时,从财税、金融、人才等政策方面为发展工业设计给予支持。这些政策的出台表明,工业设计已经成为推动产业转型升级的重要战略之一。

2.2 相关理论与文献阐述

随着经济的发展与产业的转型,工业设计在从内容到形式的多次转变过程中,其定义与概念的外延与内涵也经历了不断调整,以适应、规范与指导设计服务于产业创新的本质定位。许多理论研究也针对设计与创新、设计与产业转型之间的互动关系进行了探讨。

2.2.1　工业设计概念界定

关于工业设计的概念,国内外知名专家学者、机构都有明确的界定,随着现代设计创新的不断发展,其内涵也在不断深化。

1987 年,钱学森认为,所谓工业设计,就是综合了工业产品的技术功能设计和外形美术设计,所以是自然科学技术和社会科学、哲学、美学的汇合。1991 年,吕东认为,工业产品设计是科技成果进入市场的桥梁,先进技术需要通过工业设计转化为商品,实现科技成果向商品的转化。这一定义准确地表述了设计、技术、经济之间的关系。2014 年,路甬祥认为,设计是人类对有目的的创造创新活动的预先设想、计划和策划,是具有创意的系统综合集成的创新创造。设计也是将信息、知识、技术、创意转化为产品、工艺装备、经营服务的先导和准备,并决定着制造和服务的价值,是提升自主创新能力的关键环节[①]。

1970 年,国际工业设计协会(ICSID)做了第一个关于工业设计的定义:"工业设计是一种根据产业状况以决定制作物品之适应特质的创造活动。适应物品特质,不单指物品的结构,而是兼顾使用者和生产者双方的观点,使抽象的概念系统化,完成统一而具体化的物品形象,意即着眼于根本的结构与机能间的相互关系,其根据工业生产的条件扩大了人类环境的局面。"1980 年,ICSID 又做了如下定义:"就批量生产的工业产品而言,凭借训练、技术知识、经验及视觉感受而赋予材料、结构、构造、形态、色彩、表面加工、装饰以新的品质和规格,叫工业设计。当需要工业设计师对包装、宣传、展示、市场开发等问题的解决付出自己的技术知识和经验以及视觉评价能力时,也属于工业设计的范畴。"2006 年 ICSID 再次对定义进行修订,认为工业设计是"一种创造性的活动,其目的是为物品、过程、服务以及它们在整个生命周期中构成的系统建立起多方面的品质"。设计是创新技术人性化的重要因素,也是经济文化交流的关键因素。其任务主要包括以下几个方面:①增强

---

① 路甬祥. 设计的进化与面向未来的中国创新设计[J]. 全球化,2014(6):5-13.

全球可持续性发展和环境保护;②给全社会、个人和集体带来利益和自由;③最终用户、制造者和市场经营者的结合;④在全球化背景下支持文化多样性。这一定义反映出随着现代工业的发展,工业设计服务的不断拓宽和深化发展,产业链从单纯的设计产品环节延伸到工艺流程、环境、包装、市场策划、品牌推广等生产和流通服务的整个过程。设计理念更加强调人与生态、环境和谐共生,设计师通过设计创新和改进,使新产品开发更有利于资源节约、环境保护,更符合人类可持续发展的需要。

综上所述,工业设计是综合运用人类的技术发明成果,融合美学、艺术、经济、环境以及其他哲学社会科学于一体,涉及领域广泛的集成创新活动。它主要通过设计师的创新创意劳动,使产品品质和附加价值得到迅速提升,具有智力密集、技术密集、科技含量高、附加值高等特点。

2.2.2 工业设计创新

工业设计是一种涉及多学科、多领域,广泛交叉的集成创新活动。创新设计并不是单一方面的创新,它广泛整合科学技术、文化艺术、资源环境、用户服务、商业模式等创新活动,融技术、制度、管理、市场、环境等多种创新要素于一体,包含了技术集成、服务集成、资源集成、平台集成等集成创新模式。

根据创新动力的不同,多西提出了两种创新途径:市场拉动型和技术推动型[①]。市场拉动型创新把新产品开发活动作为对客户需求的反应,市场是创新的核心资源;技术推动型创新把新技术的可用性作为推动器,创新源自企业的科学研究与试验发展(R&D)行为,企业通过新技术创造新产品。传统的产品开发企业主要关注产品的功能、效率与样式,而后者在此基础上贡献更多的创意,即企业进行新产品开发时先考虑技术突破,然后再给产品添加语言元素,通过色彩、线条、材质、外形构架等所表现的情感价值和象征性价值(即产品意义)满足用户深层次的需要。

韦尔甘蒂尼提出了第三种创新途径:设计驱动型创新。他认为创新的动力是

---

① Dosi G. Technological paradigms and technological trajectories: a suggested interpretation of the determinants and directions of technical change [J]. Research Policy, 1982(11): 147-162.

理解、获取和影响新产品意义出现的能力[1]。设计驱动型创新是产品语言和意义的突破性创新,技术推动型创新是技术功能的突破性创新,市场拉动型创新则是技术功能和产品语言的渐进性创新。产品语言知识与技术知识存在耦合互动性,即"技术与设计耦合区",如新产品语言的出现往往受技术的影响。从创新的程度来讲,技术推动与设计驱动两种创新方式存在明显的区别,技术推动创新是新产品功能与方式的诞生,设计驱动创新是新产品语言和意义的产生。创新途径,即从技术推动创新到市场拉动创新再到设计驱动创新的拓展与演进,是生产力不断发展,并与生产关系互动过程中形成的产物,是从工业经济时代向知识经济时代转变所引发的人工物类型与内容的延伸。

上述 3 种创新途径,市场拉动型创新是以消费者为中心的创新,技术推动型创新注重产品性能的提升,设计驱动型创新通过创造新的产品语言,设计者可以提供突破性的新产品。技术推动型创新与设计驱动型创新存在耦合区,也就是说,发现突破性技术蕴含的新语言可以引发突破性的设计,设计产生的新产品也将为技术研发提供新的方向和依据(见表 2.1)。

表 2.1　不同创新模式与创新路径的比较

不同创新路径	创新特点	关注焦点
技术创新路径	关注可能产生颠覆性创新的技术,并进行产业化实施	大数据、云、移动机器人、物联网、新材料、自动汽车、知识工作自动化、3D 打印等
艺术创新路径	艺术作为知识和思维的主要部分搭建创新设计平台	艺术思维对创新设计的影响
文化创新路径	文化与设计的深度融合	文化品牌、文化价值
商业模式创新路径	网络知识经济为用户提供不同层次需求带来的营销模式创新	网络众包、大数据、互联网、电子商务、3D 打印、自媒体等催生的新模式
设计创新路径	由价值创造驱动的创新设计包括品牌价值、服务价值、商业价值、体验价值以及文化创意价值	创新设计价值创造(value creation)的 4 个方面:为个人(用户)创造的价值(愉悦和健康的生活模式),为组织创造的价值(更多收入、正面形象),为生态系统创造的价值(更好的环境影响、较少的废弃物),为社会创造的价值(社会环境和健康生活、提高居民收入和创造财富、有效率的服务系统)

---

[1] Verganti R. Design driven innovation changing the rules of competition by radically innovating what things mean [M]. Boston: Harvard Business School Press, 2009.

2.2.3　设计创新的发展趋势

从设计发展与应用的前景来看,路甬祥认为,今天和未来的设计创新将适应和引领知识网络时代的经济、社会和文化需求,引发新产业革命,将促进网络化、智能化、绿色低碳、全球共创分享和可持续发展。设计致力于创新资源能源和新材料开发利用;致力于创新交通运载、制造装备、信息通信、农业生物、社会管理与公共服务、金融商业、生态环保、公共与国家安全等装备与服务;致力于设计低碳高效,具有可再生、可回收、可存储、可控制、可分配、自适应、分布式的能源和动力系统。

从设计的战略地位来看,在产业变革背景下,工业设计从最初作为造型手段到设计作为创新流程再到设计作为策略工具,其战略地位一直在不断提升。设计创新内涵、设计对象、设计目的也随之不断演进。工业时代的设计是科技、文化艺术与市场的融合推动,知识经济时代的现代设计则体现为以知识、信息、智能、材料、技术、文化、艺术、环境等多方面融合为条件的个性化创造应用(见表2.2)。

表2.2　不同时期设计创新内涵演化

	1950 年始	1980 年始	1990 年至今	未　来
设计特征	工业经济	体验经济	知识经济	转型经济
产业特点	大规模制造	市场与品牌	知识平台	价值网络体系
关注焦点	产品功能	品牌体验	创造力的提升	意义的提升
供给成果	产品	产品＋服务	开拓创意力的工具	包容性价值网络
实施路径	说服性购买	品牌化生活方式	参与和分享	平衡与合作
目标	利润	增长	发展	转型

资料来源:Den Ouden E. Innovation design: creating value for people, organizations and society [M]. Berlin: Springer, 2014.

2.3　工业设计对于推动产业转型升级的作用及战略意义

当前,越来越多的国家和地区已经达成发展工业设计的共识,并且将设计纳入创新政策体系之中,作为获得竞争优势的重要资源进行建设。在我国当前应对经济转型与产业升级的需求日趋显著的背景下,发展工业设计也已经成为企业实现创新驱动转型升级的战略选择,成为提升国家的国际竞争能力的重要途径。

2.3.1　全球创新设计、智能制造带来新的产业革命

金融危机之后,全球经济正处于工业革命的转型期,新一轮科技和产业革命呼之欲出,不仅推动技术基础、生产组织和生活方式的变革,也将引发管理变革和社会资源配置机制的变革,世界各国都在竞相调整与之相适应的创新战略与发展战略。

关于转型期的表述,主要是以美国为代表的第三次工业革命时代和以德国为代表的"工业4.0"时代。美国第三次工业革命主要体现了"能源基础观"和"结构性技术基础观"两个视角,前者强调可再生能源、分布式能源生产和配置,氢能存储,新能源汽车等技术变革带来的影响,后者强调大数据、人工智能、机器人、数字制造等技术对未来制造范式带来的影响。随着大数据、智能制造、3D打印机等新技术的加速应用,由资源、信息、物品和人相互关联所构成的"虚拟网络-实体物理系统(cyber-physical system,CPS)"将实现产品全生命周期的整合和基于信息技术的端对端集成。德国"工业4.0"计划认为,未来工业生产形式的主要内容包括在生产要素高度灵活配置条件下,大规模生产高度个性化产品,顾客与业务伙伴对业务过程、价值创造过程广泛参与,生产和高质量服务的集成等。物联网、服务网、数据网将取代传统封闭性的制造系统,成为未来工业的基础。其业态可归结为智能制造、互联制造、定制制造、绿色制造及信息民主化、工业民主化、管理民主化、金融民主化。

上述工业革命的主要驱动因素是创新设计。各种新技术、新材料、新工艺通过设计创新与整合实现智能制造不断产生新产品。与此同时,信息技术革命推动工业设计正在从2.0(现代设计)时代向3.0(创新设计)时代转变,设计呈现出绿色、智能、网络化、个性化与可分享、和谐协调等新趋势,设计范式、设计实施者、设计内容的不断创新,成为未来工业设计发展的显著特征。当前,我国正处于工业经济时

代和知识经济时代的转型期,这也是自主创新和产业转型升级大有可为的战略机遇期。一方面,随着工业经济时代的技术升级、传统产业升级,我国正迈向后工业时代;另一方面,在知识经济时代,随着信息控制技术、计算机、新材料、新能源、生物技术等战略性新兴产业的迅速崛起,我国与欧美发达国家站在第三次工业革命的同一起跑线上,因此加快发展工业设计将为中国制造走向中国创造带来大好机遇。

2.3.2　设计创新是国家创新战略与政策的重要组成部分

近年来,越来越多的国家和地区将设计纳入创新政策体系之中,把设计作为获得竞争优势的重要资源。霍布迪认为,创新政策是引发推动企业开发新的产品、服务和流程的政策[①]。美国、丹麦、芬兰、瑞典、日本、韩国等国家都已经将设计纳入国家创新体系中,并在促进设计应用、设计研究、设计专业化等方面进行了大量投资。在都市创新体系规划方面,赫尔辛基、柏林、斯德哥尔摩、米兰等已经开始在创新政策方面纳入设计要素。政府的设计政策从面向工业设计、服务设计发展到面向策略设计。一些主要国家都有明确的设计支持计划来落实设计政策。如英国的"设计要求计划"、丹麦的"破冰计划"等。英国设计委员会在 2013 年《重启不列颠 2:设计与公共服务》报告中明确提出,将设计应用于公共服务设计的规划与工作线路中。根据国家设计创新能力建设的需要,英国、丹麦的设计政策经历了几个阶段的调整后,已经发展到推动设计进入企业和公共事业机构的战略制订阶段。

2.3.3　设计创新是企业实现创新驱动转型升级的重要战略路径

随着信息技术的快速发展,企业创新已经不再局限于技术开发,而是越来越多地涉及服务、用户体验和社会创新,这要求设计在创新中担当重要角色。苹果公司成功的关键因素在于设计整合多领域技术的能力和对用户体验的执着追求。英国

---

① Hobday M, Boddington A, Grantham A. Policies for design and policies for innovation: contrasting perspectives and remaining challenges [J]. Technovation, 2012(32): 272 - 281.

国家科技艺术基金会(NESTA)创新指数(2009)显示,对于创新而言,设计比研发更为重要:英国私营机构产出的成果有三分之二源于创新,设计对创新的贡献(17%)高于研发(11%);英国设计委员会的设计价值实证报告(2007)表明,商业活动每 100 英镑的设计投资回报为 255 英镑。

设计作为技术研发之外的创新途径,尤其对于不具备持续投资技术研发实力的中小型企业而言,以设计驱动的创新至关重要。丹麦商业管理部的设计经济效用研究(2003)显示,"设计的使用和企业的经济表现及宏观经济增长之间有着明显的相关性",且采购过设计服务的企业营业总收益超出平均值 22%。2003 年丹麦设计中心(DDC)提出了评价企业设计能力发展成熟度的设计阶梯(design ladder)框架。在这一框架中,设计成熟度分为无设计阶段、设计用于造型、设计作为创新流程及设计作为策略工具 4 个阶段。

2003 年至 2007 年间,丹麦企业把设计作为创新流程和企业创新策略的占比为66%,不使用设计的企业大幅降低,大多数企业已经进入 OBM/原始标准制造商(OSM)阶段,OEM 企业降幅明显,设计对于企业转型升级效果明显。芬兰也已把设计作为传统产业转型升级的重要路径,芬兰有 80%的传统产业使用设计,出口企业全部都有自主设计的产品,主要包括纺织服装和皮革业、家具业、玻璃和制陶业。这些产业 80%以上使用设计师。此外,金属制造、机械制造、电子设备、计算机相关产业,以及电器零部件、橡胶和塑料制造、汽车制造、健康、食品、建筑、木材等产业,有 50%使用设计师。

2.3.4 发展工业设计是提高我国制造业自主创新能力的关键环节

创新能力是决定企业在全球价值链竞争中获得高附加值的关键因素。据统计,美国制造业研发投入占所有企业研发投入的 71%,研发经费占总经费的 66%,申请获得专利的数量占全年美国申请总数的 90%。目前我国虽然制造业规模名列世界前茅,但以加工制造为主,缺乏核心技术,产品竞争力不强,附加值不高,技术含量较低等问题比较突出。产品设计研发等高端服务主要由跨国公司提供,多数企业仍停留在模仿制造阶段,尤其是研发投入、创新能力不足,成为制约产品结构

升级的主要因素。2010 年我国大中型工业企业研发经费占主营业务收入比仅为
0.93（见表 2.3）。许多企业长期依靠从事生产代工获得微利（处于低端加工制造环
节的收益，一般不超过产品销售价格的 10%），无力进行研发设计创新活动，甚至为
了短期利益而放弃原有的研发能力。这一状况导致我国企业产生分工"锁定效
应"。随着劳动力、土地等各种要素成本上升，资源能源约束加剧，我国传统加工制
造业逐渐失去了竞争力，制造业转型升级任务显得十分紧迫。

表 2.3　主要国家和地区创新能力和竞争力排名

国家和地区	创新能力排名	竞争力排名
中国内地（大陆）	65	26
中国香港	16	11
中国台湾	13	13
美国	3	5
新加坡	6	2
印度	85	56
日本	15	9

资料来源：《2011—2012 全球竞争力报告》，世界经济论坛（World Economic Forum，WEF）2011 年 09 月 07 日公
布；《2009—2010 创新发展报告》，欧洲商学院 2009 年 11 月 19 日公布。

2.3.5　发展工业设计是降低能源消耗和环境污染的关键环节

长期以来，我国制造业"高投入、高消耗、高污染、低效益"的粗放增长方式仍然
突出，制造业的发展带来了能源的巨大消耗和环境的严重污染。2012 年，我国单
位 GDP 能耗是世界平均水平的 2.5 倍，美国的 3.3 倍，高于巴西、墨西哥等发展中
国家。我国工业能源消费占能源消费总量的 70%，远远高于世界平均水平（约
33%），制造业能源消费占我国一次能源消费的 63%，工业污染排放量是发达国家
的 10 倍；我国能源利用率仅为 33%，落后于发达国家 20 年的水平。此外，环境污
染、废气废水固体废弃物和二氧化碳排放量大等问题也很严重。2017 年，国务院
印发《"十三五"节能减排综合工作方案》，指出，到 2020 年，全国万元国内生产总值
能耗要比 2015 年下降 15%，能源消费总量要控制在 50 亿吨标准煤以内。这些严

峻的形势,迫切需要我们通过设计创新走出一条低碳、绿色、可持续发展的工业化道路。

2.3.6 发展工业设计是提高我国出口产品竞争力的关键环节

我国虽然已经成为世界货物贸易大国,但出口商品结构以劳动密集型产品为主、以中低端产品为主的状况一直没有改变。1978 年至 2013 年间我国货物进出口总额从 206 亿美元上升到了 41 600 多亿美元,增长了 201 倍,占世界总量比重从不足 1%上升到 12%左右。但由于我国在装备制造、新能源、新材料等新兴产业领域以及纺织、家具、玩具等传统制造业领域的设计创新能力不足,严重制约了我国产品出口结构升级、出口国际竞争力的提升。从服务贸易来看,我国设计服务的国际竞争力仍然较弱。2013 年,我国服务贸易进出口总额为 5 000 亿美元,居世界第三位。保险、金融、计算机和信息服务、专利权使用费和特许费、咨询等服务出口占比为 30.8%,设计服务出口尚未形成规模。目前主要的设计服务出口国仍然是美国、英国、意大利、德国等发达国家。

2.4 发达国家和地区发展工业设计推动产业转型升级的经验借鉴

发达国家和地区在借助工业设计推进产业转型升级方面具有丰富多样的探索与实践,研究其实施路径与经验有助于拓展我们对于设计驱动产业转型模式的认识与理解,为寻求符合我国实际情况的工业设计能力建设路径提供参考与借鉴。

2.4.1 美国的经验

美国对全球工业设计的发展产生了深远影响。20 世纪 20 年代末,美国开始陷入经济危机,为了刺激销售,美国大企业特别是汽车企业相继成立了设计部门,并出现了独立的设计事务所,美国第一代工业设计师也由此诞生。第二次世界大战后美国成为世界经济强国,商业模式和市场竞争机制使美国工业设计得到更广泛的发展,以市场为导向是美国工业设计最显著的特征,工业设计在满足消费者需求的同时提高产品销量,帮助企业获得更多的市场份额。随着第三次科技革命的到来,一些新型设计事务所把欧洲的观念、历史文化传统与美国先进的技术紧密地结合,使信息技术时代下的美国工业设计又一次产生飞跃,为美国带来巨大的商业效益和社会发展,美国在高技术产品设计领域独占鳌头,成为世界多元设计文化的集成之地。然而,美国工业设计也面临着巨大挑战,资源短缺、能源危机、生态环境恶化等一系列问题,迫使美国更加注重在改善人与自然关系方面的设计探索。在应用新兴技术于设计创新方面,生发于美国的众筹模式为创意阶层整合科技、设计、文化和商业资源,引领第三次工业革命的创新突破,重返下一代制造业提供了路径,强化了竞争优势。

2.4.2　韩国的经验

韩国实施设计振兴战略促进产业转型升级,可以追溯到 20 世纪 70 年代韩国设计包装中心的建立。2000 年,韩国开始确立建设成为设计一流国家的目标;2001 年,成立韩国设计振兴院。韩国各地也建立了"设计革新中心(DIC)",促进地方设计产业发展,鼓励企业和高校合作。韩国设计振兴政策系统是以政府为中心,企业、大学、研究机构及振兴机构互相协作。工业设计政策的实施分为 3 个层次:第一层次是增强设计能力,强化产业竞争力和提高国民生活质量;第二层次是推行全民化的新设计(new design)运动,确保设计产业的国际竞争力;第三层次是成为东北亚设计中心,强化设计品牌的力量和提高国家品牌印象。韩国设计振兴院(Korea Institute of Design Promotion, KIDP)负责实施政府推动工业设计的主要职能,并建立了韩国设计中心(Korea Design Center, KDC)、区域设计中心(Region Design Center, RDC)、设计革新中心(Design Innovation Center, DIC)等下属设计机构。主要功能是通过政策制定、设计开发及支援、评奖及资质认证、展览及国际设计交流、出版及宣传、研究及调查、教育及人才培养、设计合作等一系列服务,促进韩国设计竞争力的提升,增强韩国商品的出口竞争力,夯实提高产业国际竞争力的基础,尤其是帮助小型企业提升设计竞争力。

2.4.3　日本的经验

工业设计对于促进日本产品迅速占领世界市场,推动日本在第二次世界大战以后经济腾飞并成为世界强国,发挥了重要作用。日本政府制定的经济贸易政策与科技发展战略对于推动工业设计发展至关重要。从 20 世纪 50 年代开始,日本把工业设计现代化作为经济发展的战略导向和基本国策;为了刺激日本工业发展,日本产业振兴会与东京都共同拟定三年计划,通过经产省、通产省的共同促进,优化工业设计产业政策推广并形成广泛的国际合作,并推广 G-Mark 设计大奖。20 世纪 80 年代,日本成立了设计基金会。日本已经成为世界设计大国之一,在日用品、包装、耐用消费品等传统设计以及汽车、电子产品等高技术含量的复杂设计领域都达到了国际一流水平。在产业升级过程中,日本工业设计实施现代与传统双轨并行的独特策略,很好地处理了现代设计与传统文化、传统设计之间的关系,使得传统手工艺的产业价值和现代工业化的生产力优势得到了融合共生。21 世纪以来,日本致力于开发设计智能建筑、地下城市、空间城市等工业设计系列项目,力争使日本工业设计在未来的全球竞争中重新占领制高点。信息经济、服务经济时代的 IT 等新型产业设计,将成为日本未来经济的新增长点。人性化设计、节能化设计、无障碍设计等将是日本工业设计未来发展的主要趋势。

一以贯之,发达国家在借助工业设计促进产业转型升级方面的主要经验有以下几点:①注重设计与商业、社会和科技的整合;②注重新的商业模式和新的设计范式的探索;③注重政府的主导作用和分步实施的、立足长远和可持续发展的规划的制订;④注重通过专门设立的机构统筹管理设计资源、推进发展战略的实施与监测;⑤注重设计生态建设尤其是消费市场的设计素养的培育;⑥注重基于国情、立足文化根基发展现代设计。

2.5　目前我国工业设计推动产业转型升级的主要特点

随着我国几十年经济发展所造就的经济与商业环境的不断繁荣,企业与社会在设计创新方面的能力与资源得到了逐步提升与丰富,设计创新的意识和能力的不断增强及设计产业化的加速发展,促使工业设计服务于产业升级和经济转型的能力得到显著的增长,并呈现出一些新的特点。

2.5.1　设计创新意识普遍提升

"十二五"时期,我国政府强化了对设计创新驱动产业升级的重要性、战略性的认识,政府开始加强对工业设计的规划引导和产业政策支持(见图 2.1),各省市出台的工业设计相关政策文件约 150 个,北京、上海、广东、浙江、江苏等设计服务业

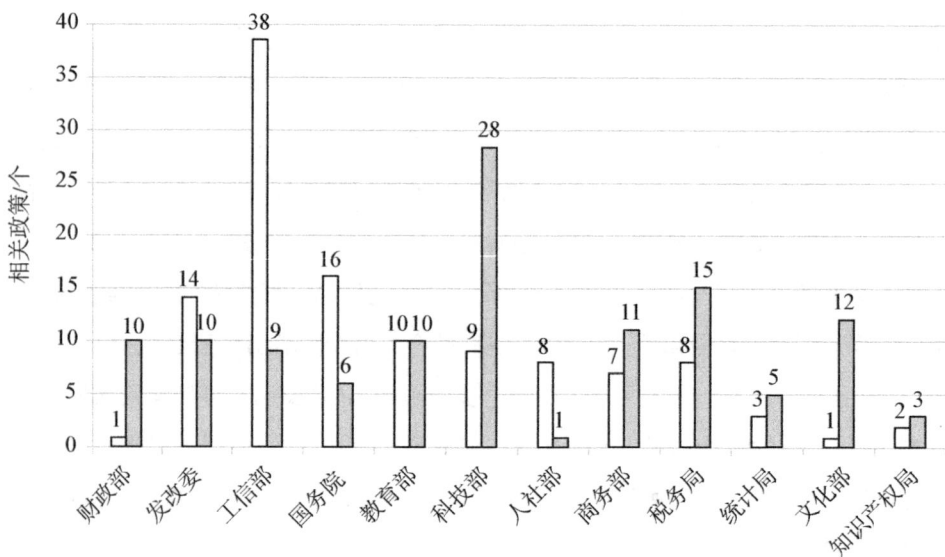

图 2.1　国家各部门颁布的设计产业相关政策

较为发达的地区都相继制订了促进工业设计发展的相关规划,在财政补贴、融资担保、税收优惠、教育培训、人才支撑等方面实施鼓励扶持政策。

2.5.2　设计创新能力不断增强

(1) 工业设计在推动传统产业升级和战略性新兴产业发展方面发挥了重要作用。"十二五"时期,"神舟飞船"上天、"蛟龙号"潜海等都反映出我国高技术领域、重大领域的设计创新突破。工业设计推动了轻工、纺织服装、电子信息制造、机械及装备制造、交通运输装备等产业转型升级。2013年我国工业和信息化部(以下简称工信部)认定的国家级工业设计中心主要集中于家电、纺织服装、日用化学品制造等传统产业领域。近年来,我国在电子产品、汽车等领域也涌现出一批具有国际竞争力的设计公司。目前,我国家电行业工业设计年产值为30亿元,企业对工业设计的投入占研发费用的比重平均达30%。

(2) 工业设计在推动经济增长以及促进企业开拓国际市场、创建品牌等方面的贡献显著提高。据广东省调查,近年来,广东制造企业对工业设计的投入达到50亿元/年,工业设计对全省经济增长的贡献率达28%。在实施工业设计战略的企业中,80%开拓了新产品市场,70%降低了产品成本,企业有40%的利润和25%的销售增长来自工业设计。企业运用工业设计开拓国际市场、创建品牌的能力显著增强。美的、TCL、康佳、创维等大型企业平均设计研发投入占销售额的2.5%,海尔、联想、一汽、吉利、奇瑞等一批制造企业通过设计创新使产品进入了国际市场。海尔集团在全球建立18个设计中心,平均每天申请2.6项专利,外观设计近2 000件;上海家化(集团)有限公司2011年利用设计带动企业营业收入突破35亿元;上汽集团2010年投资4 770万元在英国设立海外汽车设计中心,推出"荣威W5""新MG3"等新车型,创建了自主品牌,提升了我国新能源汽车的产业化水平。

(3) 企业运用工业设计提高了自主创新能力。近年来,我国企业专利拥有量快速提高。2013年我国受理3种专利申请量237.7万件,同比增长15.9%。2013年我国3种专利授权量共131.3万件,同比增长4.6%,其中外观设计专利、实用新型专利、发明专利的授权量分别为412 467件、692 845件和207 688件,分别相当于

2001 年的 8.46 倍、11.75 倍和 11.74 倍。外观设计专利是保护工业设计产品的主要途径之一。过去 10 年，外观设计专利申请量年增长率为 21.47%。2013 年外观设计专利申请量近 66 万件，同比增长 26%。国内申请量超过 64 万件，占 97.7%，国外申请量为 15 000 余件，占 2.3%。外观设计专利申请主体以沿海发达地区的企业为主，申请类型主要集中在包装和服装类产品，通信设备、装备制造业等产品的申请量日益提高。通过问卷调查了解，绝大多数企业认为设计创新十分重要，我国大约 70% 的工业设计活动在制造企业内部进行，企业使用外观设计专利的比重通常占全部工业设计 50% 以上，使用实用新型专利的比重通常在 40% 以下。

2.5.3 设计产业化发展呈现加速态势

（1）工业设计已经形成产业规模，初步形成了较完善的产业体系。"十二五"时期，我国工业设计在总体规模、企业数量、从业人员、教育机构、中介服务机构等方面都呈现出快速发展态势，设计产业规模和增速加快，反映出市场对设计服务的需求快速增长。截至 2011 年，全国工业设计机构数量超过 6 000 家，专业工业设计企业数量已超过 2 000 家。2012 年 12 月中国设计交易市场正式开业，提供国内外设计交易信息、咨询、结算及设计交易技术合同登记、展览展示、投融资等服务。我国工业设计专业的招生规模已经超过美国等一些发达国家，设置工业设计专业的高校已达 349 所。广东等设计服务业发达的省市已经形成了以政府为指导，以制造企业、设计公司为主体，以产业园区、基地为依托，以各类公共服务平台为支撑，以院校、研究培训机构为人才培养载体的综合服务体系，初步形成了"设计产业化、产业设计化、设计人才职业化、设计成果市场化"的发展模式。

（2）工业设计园区既是设计机构聚集的载体，又是推动制造企业设计创新的服务平台。近年来，一些有条件的地区陆续建立了设计产业园。这些园区对于集聚设计企业、服务制造企业，提高区域创新力、辐射力、带动力，推动区域结构调整具有重要作用。以广东工业设计城为例，该园区已经聚集了 70 多家国内外优秀设计企业，700 多名设计师，每年专利申请和授权量均超过 500 件，为制造业提供设计服务 3 000 多项，营业收入年均增长 30% 以上。园区通过举办"广东工业设计走进产业集群"活动,组织设计企业走进江门、阳江、开平、东莞、中山等产业集群,了解制造企业的需求,加深对工业设计的认识,扩大设计市场。过去,园区设计企业100%的业务都是依靠业务员,现在1/3以上的订单是通过园区服务平台得到的。

(3)专业设计公司已经逐步嵌入制造企业的设计创新链中,成为推动制造企业转型升级的重要支撑。越来越多的工业设计公司与制造企业形成长期、紧密的战略性合作伙伴关系,为制造企业开展设计开发活动,成为制造业创新链、价值链的重要组成部分。专业工业设计机构开始从单纯提供设计服务向开发自主品牌产品发展,服务能力总体提升明显,如上海指南设计公司与三一重工合作8年设计20多款产品,北京易造设计公司与福建泉州金太阳电子有限公司合作9年设计新产品100多件,年出口数量2 000万件,年出口额约4 000万美元。

2.6 发展工业设计推动产业转型升级的对策建议

在经济转型和产业升级已成为我国当前经济发展战略重要内容的前提下,作为生产性服务业的重要组成部分,设计创新已经成为企业实现自主创新的重要路径和推动我国产业优化升级和经济发展方式转变的关键环节。加强国家工业设计创新体系的建设,促进工业设计与制造业进一步深度融合,扎实推动工业设计服务能力建设,通过实施财税金融支持政策优化工业设计产业生态,将有助于工业设计产业构建坚实基础,培育可持续的产业生态,发展更具竞争力的创新优势,在自我优化过程中为实施国家经济发展战略发挥应有的作用。

2.6.1 完善国家工业设计创新体系

把工业设计发展战略作为国家创新战略的重要组成部分和打造中国经济升级版的重要抓手,进行系统规划和组织实施。加强顶层设计,制订国家工业设计发展路线图,建议由行业主管部门工信部牵头制订"十三五"国家工业设计发展规划并指导实施。"十三五"时期,应在装备制造设计、新能源设计、信息通信设计、航空航天设计、医疗器械设计、电子产品设计等重要领域取得突破,提高利用工业设计创新改造纺织、服装、机械、日用消费品等传统产业的能力,提高人民生活品质。建议设立国家工业设计创新中心负责实施国家相关政策、推动产业发展、开展资质认定等行业管理服务职能,设立国家工业设计重点实验室等创新机构,承担国家重大工业设计项目的研究开发。建立国家工业设计中心、工业设计示范基地、工业设计企业、工业设计师资质认定等的工作规范标准。

2.6.2　加强工业设计与制造业深度融合

制造业与服务业深度融合已经成为推动全球产业转型升级的重要趋势。这一趋势将快速扩大制造企业对于设计创新的投入和服务需求,同时也将使越来越多的设计服务企业嵌入制造业的产业链,形成工业设计与制造相生相伴、融合发展的产业形态。一方面,应积极引导具备创新能力的大中型制造企业重视设计、使用设计,增加设计开发费用投入,提高设计创新能力;另一方面,通过鼓励设计服务外包等方式,快速培育和扩大国内设计服务市场。政府、中介机构通过各种展会、项目推介会等活动,积极为设计企业与制造企业对接搭建桥梁和平台,使它们形成长期战略合作关系。

2.6.3　加快推动工业设计服务转型升级

与发达国家相比,我国工业设计发展仍处于初级阶段,设计服务水平还不能满足产业、技术快速发展的需要,设计服务能力迫切需要提升。应按照以信息技术驱动工业设计发展,以产业跨界融合拓展工业设计空间,以智能计算奠定工业设计基础的路径,推动我国工业设计向中高端发展。加快形成以企业为主体、以市场为导向、产学研相结合的协同创新机制,发挥工业设计改造传统产业、推动新兴产业发展的带动作用。提高设计服务业的国际化水平。发展国际设计服务外包,支持具有承接国际设计业务能力的公司提高国际化运营能力和品牌国际影响力,使其成为具有较强竞争实力的国际化设计企业。加强国际合作,积极引进国外设计机构,支持建立国际设计战略联盟。支持有条件的设计公司到海外设立分支机构或跨国并购,扩大全球经营规模。

2.6.4　加强对工业设计的财税金融政策支持

　　小微企业、轻资产、智力密集是工业设计企业的主要特征。长期以来存在融资难、高赋税问题,应实行全行业享受15％(按高新技术企业)的所得税优惠政策。加强融资担保支持,鼓励条件成熟的设计公司上市,鼓励社会资本进入工业设计领域。设立国家工业设计产业基金,用于支持重大工业设计创新项目、创新服务平台建设,支持设计企业承接国际重大设计项目、开拓国际设计市场、为中小制造商提供设计服务,以及支持设计培训、国际交流、重大设计创新奖励等。

第 3 章

工业设计产业的中国实践与展望

3.1 工业设计产业发展现状与成就

在全球性经济正在发生深刻变革的今天，工业设计业已经成为衡量一个国家综合竞争力的重要依据，也是一个国家的工业设计产品（如汽车、飞机、电子产品等）能在激烈的国际市场竞争中保持不败的关键。工业设计是整合技术创新、文化创新、商业创新、人本创新、艺术创新于一体的系统集成创新，是知识网络时代社会发展的必然产物，是先进生产力的重要构成内容。

工业设计是文化创意产业与制造业结合的重要领域，是提高产品附加值、增强企业核心竞争力、创建自主品牌、提升传统产业能级的重要途径。与传统的工业设计注重外观造型设计不同，这里的工业设计是指综合运用各种学科的科技成果以及工学、美学、心理学、经济学等知识，对产品的内容、功能、性能、结构、形态包装、服务等进行整合优化的创新活动。设计服务具有高知识性、高增值性和低消耗、低污染等特征。依靠创新，推进文化创意和设计服务等新型、高端服务业发展，促进与相关产业深度融合，是调整经济结构的重要内容，有利于改善产品和服务品质，满足群众多样化需求，也可以催生新业态、带动就业、推动产业转型升级。

3.1.1 我国工业设计产业发展的现状

随着近几年来的大力发展,国内工业设计产业已呈现快速发展态势。主要表现在以下几点:产业规模持续扩大,园区聚集效应逐步显现;企业设计创新意识逐步增强,设计创新能力也逐渐提高;工业设计涉及的业务领域不断拓宽,产业链也不断攀升;人力资源队伍迅速扩大,竞争力逐步增强;企业专利拥有量快速增加,品牌创建的能力逐步增强;等等。目前,已初步形成了环渤海、长三角、珠三角设计产业带。深圳、上海、北京和武汉相继成为"联合国教科文组织设计之都"成员,承担着国家工业设计创新体系建设的责任,通过国家层面的规划与实施及资源的支持以及对设计创新系统建设的探索与完善带动区域设计创新能力的提升,促进了工业设计能力的提升和资源的优化,改善了设计生态,提高了社会的设计素养。

3.1.2 我国工业设计发展的主要成就

(1)制造业工业设计竞争力显著提高。我国在轨道交通、航空航天、海洋探测、高端装备、能源电力、新材料、消费电子、通信等重点行业的工业设计能力已经取得重大突破。我国工业设计协会数据研究表明,2012—2017年,全国工业设计取得了快速发展。5年来,全国设计服务收入约3 560亿元,年增长率为11%;设计成果转化产值达到21万亿元,年增长率高达25%。截至2016年年底,建有工业设计中心的制造企业超过6 000家,规模以上工业设计专业公司约8 000家,比2015年有显著增长,设计创意类园区突破1 000家。在促进产业创新、促进企业通过设计带动产业转型的过程中,国家级、省部级和行业级设计奖项的设立也起到了重要的推动作用。除了国家级的"中国优秀工业设计奖"和行业级的"中国设计红星奖""中国好设计"奖外,各省市级奖项累计达到46项之多,全国设计类奖项赛事总计110多项。工业设计行业协会已经发展到国家级、省市级和行业级3个层面,丰富了行业协会的资源协调职能。目前,我国工业设计已经达到世界领先规模,正处在向世界顶级水平去突破的这样一个临界点上。根据国家知识产权局的发布,2017

年上半年,我国发明专利申请量共 56.5 万件,同比增长 6.1%。截至 2017 年 6 月底,我国国内(不含港澳台)发明专利拥有量达到 122.7 万件,每万人口发明专利拥有量达到 8.9 件,比"十二五"期末增加 2.6 件。其中,京津冀地区发明专利拥有量达到 23.0 万件,同比增长 23.6%,占国内总量的 18.7%;长江经济带覆盖省市,发明专利拥有量达到 55.1 万件,同比增长 22.0%,占国内总量的 44.9%。国际专利(PCT)申请量达 2.16 万件,同比增长 16.0%。其中,2.0 万件来自国内,同比增长 15.3%;0.16 万件来自国外,同比增长 26.0%。其中广东 1.19 万件,居首位,北京、江苏、上海、山东、浙江均超过 500 件。以上 6 个省市的 PCT 专利申请量,占国内总量的近 9 成。2017 年上半年各项统计数据表明,我国国内发明专利拥有量稳步增长,国家重点区域专利布局态势良好,我国申请人向外专利申请增势稳定[①]。国家设计创新能力总体逐步增强。

(2)企业工业设计能力不断增强。一是企业工业设计投入不断增长。2017 年科技部工作会议发布,2016 年全社会研究和开发(R&D)支出达到 15 440 亿元,首次超过 15 000 亿。R&D 占 GDP 比重为 2.1%,比 2015 年增长 0.03 个百分点。我国企业已经开始越来越重视研发,如华为年度研发经费超过苹果[②]。70% 左右的工业设计活动在制造企业内部进行。制造企业的数字化研发设计工具普及率从 2013 年的 52% 上升至 58% 以上。二是企业专利数量和自主知识产权增长较快。专利质量稳步提升,专利申请增速稳中向好态势明显,涌现出一大批知识产权示范企业和优势企业。《世界知识产权指数 2016》报告显示,2015 年全球专利申请量约 290 万件,同比增长 7.8%。其中,我国国家知识产权局共收到 1 101 864 件专利申请,几乎与美国、日本和韩国受理的专利申请总和相等,成为全球第一个在一年内收到超过 100 万份专利申请的专利局,专利申请总量占全球近 40%[③]。三是新产品市场占有率不断提高。麦肯锡报告表明,在高铁、风力发电机、电信三大基础工程行

① 中国国家知识产权局. 2017 年上半年国家知识产权局主要工作统计数据及有关情况新闻发布会[EB/OL]. (2017-7-20)[2019-01-02]. http://www. sipo. gov. cn/twzb/2017sbnxwfbh/.
② 中华人民共和国科学技术部. 2017 年全国科技工作会议[EB/OL]. (2017-01-10)[2019-01-02]. http://www. most. gov. cn/ztzl/qgkjgzhy/2017/2017tpxw/201701/t20170110_130385. htm.
③ 中国国家知识产权局.《世界知识产权指数 2016》报告述评[EB/OL]. (2017-07-21)[2019-01-02]. http://www. sipo. gov. cn/zlssbgs/zlyj/201707/t20170721_1312813. html.

业中,我国供应商占全球营收比例分别为 41%、21% 和 18%。工信部对国内 3 万家企业调查表明,2014 年,我国制造企业新产品占销售总额比重为 24.1%。四是自主品牌快速成长。在华为、小米、上汽、商飞、大疆等企业之外又涌现出滴滴等大一批新兴的设计创新型品牌企业。五是配置全球设计资源的能力逐步增强。一批有条件的大型制造企业到海外设立研发设计中心,充分利用海外设计人才、资源、网络,面向当地或全球市场不断进行设计创新。

(3) 设计服务业蓬勃发展,设计服务集聚化、专业化、组织化、融合化水平日益提高。一是工业设计区域和园区已经形成明显的集聚效应。深圳、上海、北京和武汉相继被联合国教科文组织命名为"设计之都",这四大城市集聚了 20 000 家以上的设计企业和全国 80% 以上的设计人才。全国还出现了设计特色小镇等设计与产业、城市密切融合的新模式,如广东顺德北滘设计城等。一些设计园区示范带动效应逐步显现,园区内有利于设计人才交流、设计成果交易、设计企业发展的创新平台和环境日臻完善。2017 年,广东工业设计城已建成六大公共服务平台,入驻中外设计企业 140 家,设计师 4 000 余人,成为国内最大的工业设计主体产业园。截至 2017 年 7 月,北京太火鸟科技平台入驻设计企业和工作室 300 个,拥有约 6 000 名高端设计师,已经成为以工业设计为主导的我国高端设计师的最大平台。这类以设计业为服务对象,提供设计产业相关服务的企业机构种类繁多、内容多样。二是设计服务外包推动专业设计服务企业加速成长。截至 2017 年年底,我国共有国家级工业设计中心 64 家,其中包括 15 家工业设计公司,分布在广东、山东、浙江等地,这些国家级设计中心不仅服务于所在地的设计产业发展,还通过辐射作用带动了区域创新设计活动的繁荣。根据自身设计资源建设的需要,共有 22 个省和计划单列市认定了超过 650 家的省市级工业设计中心,服务于各地区创新设计活动的需要,并形成了产业界争相建设设计平台的活跃态势。

(4) 新兴产业领域的设计服务更加活跃。新兴技术与工业设计相结合实现价值最大化已经成为各个行业的共同认知。"互联网+"大力促进了工业设计实施生产性服务的范畴、领域和深度。互联网创业企业对工业设计的高度重视为工业设计发挥作用提供了机会。以华为、小米、京东、上汽为集团代表的创新型企业在依托工业设计建立产品竞争优势的同时,也为行业借助工业设计实施创新提供了典范。新技术和新范式对工业设计的渗透,也使得工业设计已经能够自主接触和吸纳新兴技术来优化设计服务和设计产出,并为应对人工智能在产品化方面的快速发展做好了准备。自2016年年底以来,重新繁荣的人工智能技术已经在我国众多产业领域得到了关注和应用。尤其是在人工智能领域,以智能硬件为载体,机器学习和深度学习等技术为依托,借助工业设计、服务设计和设计思维,在医疗、金融、交通、教育、公共安全、零售等领域已经推出了大量的智能产品和服务。目前,工业设计在基于智能硬件和人工智能技术的产品创新领域展开充分和深入的实践。如截至2017年9月,北京太库孵化的37家创新科技企业中,依赖工业设计实施人工智能及智能硬件产品化的项目占比超过70%。这些孵化项目获得融资共计2.3亿元,总估值19.5亿元。随着智能家居创新产业集群的扩大,产业方向更加聚集,上、下游创新产业链日趋完整,将会帮助当地创新企业在数量和质量上产生质变,助力区域创新驱动发展。

（5）设计服务于企业品牌建设的能力进一步得到了加强。在导入工业设计机制的企业中有90%改善了企业形象,80%进入了新的市场,70%降低了产品成本,企业利润的40%来自设计[①]。如上汽集团2017年上半年整车销售额为317.4万辆,同比增长5.76%。在上汽集团"电动化、智能化、网联化、共享化"的"新四化"战略引领下,其自主板块增长强劲,首款工业设计结合互联网生态的SUV荣威RX5带动了上汽乘用车销量同比增长112.99%,达到23.4万辆。这也是上汽集团自主品牌乘用车首次半年销量突破20万辆大关。设计创新加上技术创新和体制机制改革,让上汽集团找到了自主品牌"创新增长"的内在动力。在第一款互联网汽车正当红之时,荣威i6、名爵ZS等第二代互联网汽车产品已经发布[②],实现了通过优质低价响应市场的能力。另外,在电子消费品领域,OPPO、VIVO等企业抓住拍照、HiFi、快充等用户需求,以设计创新为核心竞争力,推动企业快速成长,正从百亿级企业迈向千亿级明星企业。美的集团与广东工业大学等院校加强产学研协同创新,将工业设计融入用户体验设计、品牌塑造、品质提升等各个层面,使传统产品

---

① 江苏省经济和信息化委员会. 江苏省"十三五"工业设计产业发展规划[EB/OL]. (2016‐9‐2)[2019‐01‐12]. http://www.jseic.gov.cn/xxgkjxw/xxgkjxwlm/201610/t20161010_206297.html.
② 一份来自上汽集团的创新答卷: 高含金量的"新增长"[N]. 解放日报,2017‐08‐11(03).

焕发新魅力,品牌美誉度进一步增强①。

（6）工业设计教育稳步发展,设计人才规模位居世界前列。根据 2017 年 10 月份的数据,目前,全国设置设计学及相关专业的高等院校规模在 1 951 所,招生人数 512 416 名。其中工业设计(含产品设计)及相关专业高等院校有 697 所,招生规模在 45 165 人左右。在这些院校中,综合及理工类院校招生占 39％左右,高职、高专占 48％,单科艺术院校占 2％,独立院校占 11％②。目前,我国设计师队伍达 1 700 万人左右,居全球首位,占全球设计师总量的 19％,占亚洲设计师总量的 45％。其中,工业设计从业人员超过 50 万人。目前,我国已经形成了非常完整和丰富的设计产业网络,在相应消费端的需求方面,已经形成了包含自由设计师、独立设计机构、驻厂设计机构、设计研发企业和科技研发企业的层级丰富的设计供给资源。

（7）工业设计相关专利申请受理量呈现新的特征。2017 年 7 月发布的《世界知识产权指数 2016》报告显示,2015 年全球工业设计申请量为 87.28 万件,同比增长 2.3％,其中来自我国的居民提交的工业设计申请最多,为 565 915 件,同比增长 1.7％,占全球申请总量的一半③。从我国 2008 年至 2016 年外观设计专利申请受理量的情况看,2008 年至 2012 年增长率较高,增速明显,但 2012 年至 2013 年申请量趋于稳定,2014 年申请量略微下降,2015 年至 2016 年又有一定的增长。这与我国经济经历高速增长后进入"新常态"以及创新设计的结构调整有一定关系。数字化移动应用的快速发展带动了涉及图形用户界面(GUI)的外观设计专利申请,其申请量呈现稳步上升趋势,2016 年,我国共收到 GUI 申请 9 864 件,比 2015 年 (6 638 件)上涨 48.6％。从申请人来看,主要为国内互联网企业;从专利实质看,反映了用户体验作为高水准产品品质的新要素,在企业和消费者两端受到的关注日益增强。电子终端领域在国内外外观设计专利中均为活跃领域,在外观设计专利申请结构中处于稳步上升,并呈现逐步超越的趋势。2014 年至 2016 年这 3 年间,在 1 403 类(通信设备、无线电遥控器设备和无线电发送器)排名前 10 的申请人中,

① 胡启志.广东创新设计发展研究报告[C]//王晓红,于炜,张立群,等.工业设计蓝皮书:中国工业设计发展报告 (2014).北京:社会科学文献出版社,2014:189.
② 许平.设计创新创业:站在中国特色社会主义新时代最前沿[J].流行色,2017(11):17-20.
③ 中国国家知识产权局.《世界知识产权指数 2016》报告述评[EB/OL].(2017-07-21)[2019-01-12].http:// www.sipo.gov.cn/zlssbgs/zlyj/201707/t20170721_1312813.html.

我国企业占据了8家,前4名均为我国的企业[①]。

(8) 初步形成环渤海、长三角、珠三角设计产业带。我国已经基本形成了环渤海(以北京为中心,向大连、青岛等地扩展)、长三角(以上海为中心,向杭州、宁波、无锡、太仓等地扩展)、珠三角(以深圳、广州为中心,向东莞、顺德等地扩展)三大设计产业带的布局。目前,设计产业比较活跃的地区主要集中在经济比较发达的地区,包括辽宁、山东、江苏、浙江、湖南、广东、湖北、河南、河北、四川,以及北京、上海、广州、深圳、武汉、杭州等代表性城市。"四大设计之都"在工业设计方面的能力进一步加强,以上海为例,2016年上海工业设计产业总产出为688.82亿元,增加值为333.4亿元,同比增长7%,成为上海总产出超过500亿元的七大产业之一。

3.2 工业设计产业发展影响因素分析

3.2.1 工业设计的要素条件和市场环境发生变化

随着我国改革开放进一步深化,发达国家再工业化进程加快,新一代信息技术革命飞速发展,工业设计产业发展面临的要素条件和市场环境正在发生深刻变化。

(1) 从世界情况看,制造业转型升级步伐加快对工业设计提出了新的要求。发达国家纷纷出台相应发展战略,应对科技发展、产业创新和消费需求的趋势性变化,调整科技创新与产业发展政策,强化创新引领作用。美国实施先进制造战略计划,德国提出"工业4.0"战略,英国推出"工业2050"战略。这些措施在刺激本国工业经济发展和创新能力提升的同时,带来国际产业竞争格局重大调整。服务于制造业价值链的工业设计,转型的步伐也明显加快,大规模个性化定制、众创、众包等新业态、新模式不断涌现,工业设计与制造业融合发展态势日趋明显。

[①] 中国国家知识产权局.《世界知识产权指数2016》报告述评[EB/OL]. (2017 - 07 - 21)[2019 - 01 - 12]. http://www.sipo.gov.cn/zlssbgs/zlyj/201707/t20170721_1312813.html.

（2）从国家战略规划看，不断优化的政策环境和良好的制造业基础为工业设计带来广阔的发展空间。党中央、国务院高度重视工业设计产业发展，2014年国务院发布《关于推进文化创意和设计服务与相关产业融合发展的若干意见》，强调工业设计要与制造业融合发展；《"十三五"国家科技创新规划》明确提出提升我国重点产业的工业设计能力。这些都从国家战略层面为促进工业设计快速发展创造了有利的政策环境。截至2017年9月，我国的大多数省份都出台了政府的设计产业促进政策，涉及从市场培育、产业生态建设到人力资源规划等方方面面的内容。我国作为世界第一制造大国，已建成门类齐全、独立完整的产业体系，工业经济基础雄厚，为工业设计快速发展提供巨大的潜力。

（3）我国国民经济的快速发展带来的总体工业制造水平和消费市场对消费产品需求水平的大幅度提升，对企业和市场优化供需关系提出了要求。正如党的十九大报告所指出的，中国特色社会主义进入新时代，我国社会主要矛盾已经转化为人民日益增长的美好生活需要和不平衡不充分的发展之间的矛盾。现有的技术、制造和文化生产能力还不能完全满足日益增长的物质需求和精神需要。进一步推进供给侧改革，继续进行产业升级、服务升级、模式升级、技术升级，发现并解决社会新需求带来的矛盾，是新时代赋予工业设计的新的发展机会，对工业设计转型升级提出了明确要求。

（4）工业设计在越来越深层面的实践与应用，使政产学研用领域更有能力将工业设计服务于更高维度和更多领域的创新。与技术成熟度紧密关联，工业设计在制造业中所行使的职能分为3个递进的层级，即面向制品的设计、面向商品的设计和面向用品的设计。面向制品的设计解决的是产品是否有用的问题，面向商品的设计解决的是产品是否好卖的问题，面向用品的设计解决的是产品是否好用的问题。尽管不同的产品因为其立足的技术不同，工业设计发生的层级不同，但是总体而言，集整合技术可行性、商业可得性和用户价值于一体的设计理念已经成为新兴企业的共识，越来越多的企业在整合性工业设计方面的能力逐步增强。当前我国制造能力的大幅度提升不仅使得企业比以往更有能力向市场提供更加优质的产品，而且也使得企业比以往更有意愿和动力为市场开发新产品。另外，随着我国国民经济的快速发展，消费市场对更优且更新产品和服务的需求越来越强烈，消费者也越来越有能力消费优质产品及其价值。这使得推动落实"创新、协调、绿色、开放、共享"五大理念,加快发展和应用工业设计,对于提高我国制造业的自主创新能力、出口产品竞争力和可持续发展能力,探索绿色低碳、智能高效的新型工业化道路,实现"中国制造向中国创造转变、中国速度向中国质量转变、中国产品向中国品牌转变",由全球价值链中低端向高端跃升,由制造大国向制造强国迈进,具有重要战略意义。

(5)设计教育和人才培养方面的变革为顺应国家战略转型提供了多层次的工业设计人才。近几十年来,我国在工业设计上的努力为完善国家工业经济与服务贸易能力奠定了基础,今后的设计创新将成为供给侧结构性改革和体现先进性生产力的重要力量。工业设计要成为先进生产力,必须要以其对时代变化的敏感性和锐意变革的果敢性来体现时代的主题、社会的需要、人民的选择与领先的节奏,立足于生产力发展和时代变革的最前沿。这将引发工业设计在产业领域、产业方向和产业内涵等多方面的变革,同时也会促使工业设计人才培养和高等教育在现有水平上进行设计基础能力和创新教育内涵的变革。

3.2.2　我国工业设计目前面临的一些影响发展的主要问题

(1)关键领域工业设计能力不足,设计与产业的融合度不高。在世界知识产权组织划分的 35 个技术领域中,我国在光学、发动机、半导体、基础通信程序、音像技术、医学技术及医药、生物科技等领域的设计方面的国际竞争力较差,与发达国家存在明显差距。在设计软件、3D 打印、材料、模具、工艺等方面自主创新能力较弱。

(2)企业工业设计竞争力有待增强。总体而言,企业重制造、轻设计研发的传统思想依然严重,多数企业缺乏原创设计,满足于从国外进口设计和技术。设计服务企业竞争力较弱,还没有形成具有世界品牌影响力的专业设计服务企业,设计服务企业与制造企业的融合能力不够,多数设计服务企业局限于传统经营模式,缺乏价值链高端综合业务拓展能力。

(3)工业设计服务体系仍不完善。设计服务平台、公共数据库不完善,设计资源分割、难以共享。设计成果转化和交易的体制机制尚存在较多障碍,缺乏国家级设计成果交易平台,设计成果定价与评估机制不完善。

(4)设计教育应对创新人才需求的能力依旧不足。设计教育体制改革滞后,学科知识融合不足,高端设计人才缺乏,培养能应对当今日趋激烈的国际竞争和新兴技术挑战的人才的知识准备和教育意识尤其匮乏。

(5)知识产权保护有待加强。专利申请效率低、侵权行为惩治处罚力度小、维权成本高等是工业设计发展的重要制约因素。全社会尊重设计创新的环境和设计消费素养的形成尚处于起步阶段。

3.3 工业设计产业发展趋势分析

3.3.1 工业设计结合新兴技术资源的自我转型将进一步推进

随着新兴技术和新兴业态的发展,工业设计正参与到将人工智能等新兴成果转化到产品、服务和系统,以及借助新兴技术成果优化自身能级的发展态势中,工业设计驱动下的人工智能等新兴技术的应用正在向更深更新的社会、商业和个人生活模式服务方向发展。"数据+算力+算法"驱动的人工智能已经成为我国数字经济发展的主要推动力[①]。工业设计结合服务设计和设计思维理念,从数据可得性高、数据电子化程度较高、数据较集中且数据质量较高的行业,如医疗、金融、交通、教育、公共安全、零售、商业服务等着手,将有助于率先在这些行业应用大量的人工智能场景,并创新行业模式、优化行业竞争力,使服务智能的阶段化实现成为可能。工业设计产业也将从人工智能设计生态构建、人工智能设计算法拓展、人工智能设计应用聚焦、垂直人工智能设计行业先行和人工智能设计产业基础设施5个方面同步实施工业设计产业的重塑和创新能力的重大转型。

---

① 李彦宏. "数据+算力+算法"驱动 AI 王者归来[EB/OL]. (2017-12-03)[2019-01-12]. http://science.china.com.cn/2017-12/03/content_40089488.htm.

3.3.2　工业设计推动传统产业升级增效将进一步扩大

随着国家和地方对工业设计创新能力建设的不断加强，传统产业如轻工、纺织服装、家电、消费电子、机械设备、交通运输设备、工艺美术等领域，以外观造型、功能创新、结构优化、节能节材、新材料应用为创新点，其产品开发将呈现出通用型与专用型相结合、单点化向网联化转化、机械化向智能化升级的明显趋势，品种、品质和品牌资源将得到更大的优化。传统制造业的工业设计将随着整合创新和系统创新能力的提升向专业化、产业化、集约化、信息化发展，工业设计对提高品牌附加值、提升品牌形象、增强产品竞争力的引领作用得到进一步发挥。

3.3.3　工业设计助力新兴产业稳步发展将更加深入

工业设计将进一步在新一代信息技术、高端装备、新材料、生物、新能源汽车、节能环保、数字创意等新兴产业领域，运用设计工具，开发数字化、网络化、智能化装备和产品，更好地满足移动化、微型化、巨型化和超常环境工作的要求。以创新、协调、绿色、开放和共享为显著特点，推进产品的生态化设计与可持续性设计，创新满足个性化、小批量、多品种等市场需求的个性化定制生产模式。

3.3.4　工业设计推动服务型制造发展将进一步加速

以智能服务设计、柔性化生产和社会化协同为导向，工业设计通过聚焦软件、集成电路、互联网、物联网等行业技术，有助于形成贯穿产业链的需求—设计—研发的设计服务体系。以"制造即服务"为业务实质，建设网络化协同制造服务设计，不断增强系统开发、综合集成能力，以及面向细分行业的研发设计、系统优化、设备管理、质量监控等云制造服务能力，通过定制化服务设计、产品与系统设计及柔性制造能力的建设，将加快推动生产与消费、制造与服务、产业链企业之间的全面融合，实现生产制造与市场需求高度协调，强化用户体验，提升产品价值。

第 4 章

全球创意产业发展的主要特征及趋势

4.1 全球创意产业发展的主要特征

4.1.1 发达国家成为引领者,发展中国家进入加速发展时期

根据联合国教科文组织(EY,2015 年 12 月)报告,2013 年全球文化创意产业收入总额为 2.25 万亿美元,占世界 GDP 总量的 3%,超过了通信业(1.57 万亿美元)。其为世界各国创造了 2 950 万个就业岗位,占世界就业总人口的 1%,高于欧洲、日本和美国汽车制造业就业人口(2 500 万)的总和。其中,亚太地区是世界文化创意产业最繁荣的地区,总收入 7 430 亿美元,占全球的 33%,创造就业岗位 1 270 万,占全球的 43%。其次分别为欧洲地区(总收入 7 090 亿美元)、北美地区(总收入 6 200 亿美元)、拉丁美洲地区(总收入 1 240 亿美元)以及非洲和中东地区(总收入 580 亿美元)。文化创意产业收入最高的 3 个领域是电视业(4 770 亿美元)、视觉艺术(3 910 亿美元)、报纸杂志业(3 540 亿美元)。从业人数最多的 3 个领域是视觉艺术(673 万人)、音乐制作(398 万人)、图书出版(367 万人)。

在全球文化创意产品市场中,发达国家拥有 87%的市场份额,其中美国占 43%、欧洲占 34%。发达国家凭借雄厚的资金实力、技术基础、品牌效应及全球人

才资源、全球消费市场等优势,率先发展创意产业,成为世界创意中心。目前发达国家拥有世界创意产业的绝大部分核心版权,主导全球创意产业大部分市场份额。如在软件领域,美国软件销售额约占全球软件销售额的 2/3,几乎垄断全球操作系统、数据库市场;在影视领域,美欧电影风靡全球,其中美国电影业最发达,电影销售额占全球销售额的 85%,仅米老鼠和史努比两个动画产品的全球收益每年就超过 500 亿美元。美国作为全球创意产业的最大出口国,早在 2002 年,仅核心版权产业中计算机软件、电影、录像和出版四大行业的海外销售额就高达 892.6 亿美元。

佛罗里达等人对 2010 年至 2014 年间,世界银行和盖洛普调查数据库中与创意产业相关的数据进行分析,发布了基于创意技术、创意人才和社会包容性 3 个维度的评价数据所建构的《全球创意指数 2015》,对全球 139 个经济体的创意能力进行了测量,显示出发达经济体在创意能力方面显著的竞争优势(见表 4.1)。

表 4.1 2015 年全球创意指数排名前 25 的名单

排名	国家或地区	创意技术	创意人才	社会包容性	全球创意指数
1	澳大利亚	7	1	4	0.970
2	美国	4	3	11	0.950
3	新西兰	7	8	3	0.949
4	加拿大	13	14	1	0.920
5	丹麦	10	6	13	0.917
5	芬兰	5	3	20	0.917
7	瑞典	11	8	10	0.915
8	冰岛	26	2	2	0.913
9	新加坡	7	5	23	0.896
10	荷兰	20	11	6	0.889
11	挪威	18	12	9	0.883
12	英国	15	20	5	0.881
13	爱尔兰	23	21	7	0.845
14	德国	7	28	18	0.837
15	瑞士	19	22	17	0.822
15	法国	16	26	16	0.822
15	斯洛文尼亚	17	8	35	0.822
18	比利时	28	18	14	0.817

排名	国家或地区	创意技术	创意人才	社会包容性	全球创意指数
19	西班牙	31	19	12	0.811
20	奥地利	12	26	32	0.788
21	中国香港	32	32	30	0.715
21	意大利	25	31	38	0.715
23	葡萄牙	35	36	22	0.710
24	日本	2	58	39	0.708
25	卢森堡	20	48	32	0.696

　　发展中经济体的经济增长与民生改善也催生了创意产业，并表现出突出的后发优势。《全球创意指数 2015》分析表明，经济体的经济产出与创意能力呈现显著的正相关关系（见图 4.1）。

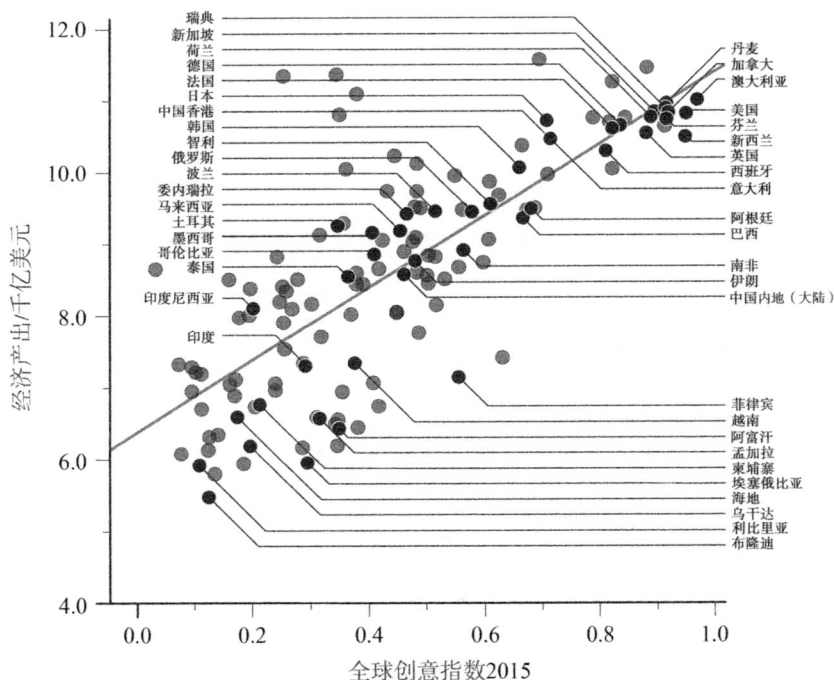

图 4.1　经济产出与创意能力分布散点图

　　各国民族文化多样性吸引力的增强，以及发达国家和地区创意产品消费市场的强大需求,促进了发展中国家和地区的创意产业、创意产品和服务贸易加速发展。2012年,全球创意产品出口总额为473 791百万美元,增幅达53%。其中,发展中经济体创意产品出口占比为68%,发达经济体为32%。全球创意产品进口方面,发达经济体占比69%,远远超出发展中经济体28%的进口份额,反映出发达经济体创意产品消费市场的繁荣。从出口额来看,2012年中国内地(大陆)(151 182百万美元)、美国(37 844百万美元)、中国香港(34 197百万美元)、德国(28 719百万美元)、印度(25 846百万美元)分别居前5位。从2003—2012年出口市场份额增长率来看,新加坡(26%)、印度(20%)、中国台湾(18%)、中国内地(大陆)(15%)、捷克(15%)分别居前5位;从出口增长率来看,亚洲地区整体表现最为良好,中国75%、西亚63%、东亚及东南亚55%,其次是经济转型国家,经济体增幅65%,非洲地区增长59%,发达经济体中,美国53%、日本50%、欧洲29%(见图4.2、表4.2、表4.3)。

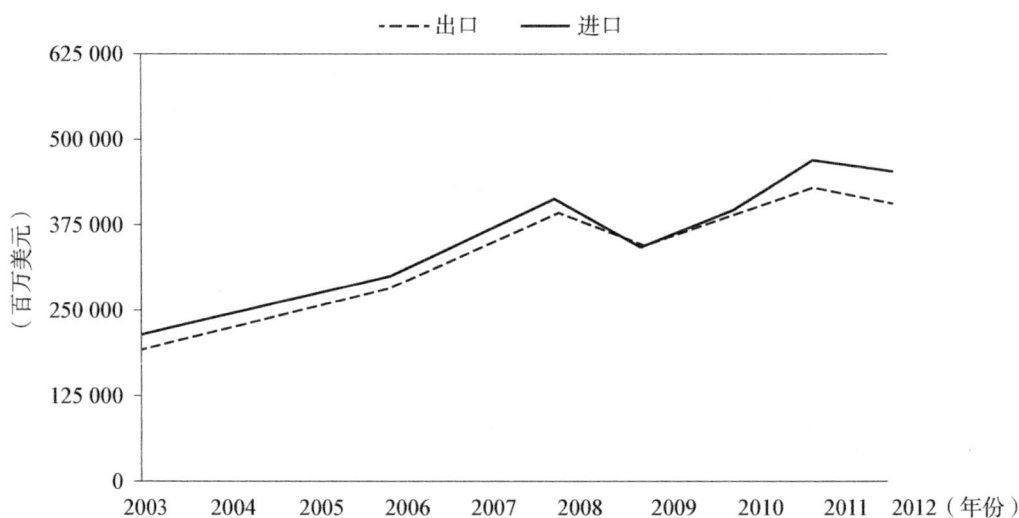

图4.2　世界创意产品进出口概况(2012)

(资料来源:UNCTAD全球创意产业数据库)

表 4.2 创意产品出口:世界排名前 20 的经济体(2003—2012 年)

排名	经济体	出口额/百万美元		2003 年排名	2012 年市场份额/%	2003—2012 年增长率/%
		2012 年	2003 年			
1	中国内地(大陆)	151 182	38 180	1	31.91	15
2	美国	37 844	17 887	3	7.99	8
3	中国香港	34 197	23 637	2	7.22	4
4	德国	28 719	16 519	4	6.06	7
5	印度	25 846	4 349	12	5.46	20
6	英国	23 083	14 520	5	4.87	4
7	法国	19 774	10 137	6	4.17	7
8	瑞士	13 073	5 135	9	2.76	11
9	新加坡	11 344	1 866	18	2.39	26
10	荷兰	9 395	4 750	10	1.98	9
11	中国台湾	9 380	NA		1.98	18
12	日本	7 721	3 823	14	1.63	10
13	比利时	7 611	6 469	8	1.61	2
14	土耳其	7 361	2 303	16	1.55	12
15	泰国	6 460	2 928	15	1.36	10
16	加拿大	6 254	9 515	7	1.32	6
17	西班牙	5 922	4 616	11	1.25	2
18	马来西亚	5 810	1 951	17	1.23	14
19	韩国	5 763	3 967	13	1.22	6
20	捷克共和国	5 614	1 793	19	1.18	15

资料来源:UNCTAD 全球创意产业数据库。

表 4.3 不同经济体创意产品出口(2003—2012 年)

经济组织和地区	出口额/百万美元		增幅/%
	2003 年	2012 年	
全球	223 795	473 791	53
发达经济体	134 640	197 264	32
欧洲	101 797	143 230	29
美国	17 887	37 844	53
日本	3 823	7 721	50
加拿大	9 515	6 254	—52
发展中经济体	87 826	272 763	68
中国	38 180	151 182	75
东亚及东南亚	34 427	76 099	55

经济组织和地区	出口额/百万美元		增幅/%
	2003 年	2012 年	
西亚	2 859	7 657	63
拉美和加勒比	5 048	7 095	29
非洲	778	1 908	59
欠发达国家和地区	159	227	30
经济转型国家	1 329	3 769	65

资料来源：UNCTAD 全球创意产业数据库。

4.1.2　互联网和数字技术引领创意产业创新变革

互联网、大数据、云计算、超级计算、3D 打印、人工智能及虚拟现实、增强现实、混合现实（VR/AR/AI）等新技术在创意产业中的应用，加速了创意产业创新与变革，对创意产品的生产、服务、传播和消费方式产生了深刻影响，使创意产品和服务形态快速翻新，创作周期缩短、成本降低、质量提高，销售渠道、服务模式从传统实体店、物理空间向虚拟网络、线上线下共同拓展，使传统创意产业的价值链不断拓展和提升。

互联网平台的发展加速了众创、众包、众筹等新模式的广泛应用，推动了全球创意产业的创新步伐。企业依托互联网众创平台、众包平台和众筹平台，快速提高了创意产品的创新速度、融资能力和产业规模。与此同时，加速了互联网企业与创意企业深度融合，越来越多的创意企业开始涉足互联网领域，互联网企业也在不断开拓创意产业相关业务。目前，创意产业为世界数字经济创造了 2 000 亿美元的利润，提高了数码设备销量和宽带通信服务需求，其中数字广告创作收入 851 亿美元，数字文化终端设备销售额 263 亿美元，数字化文艺作品网络销售额 660 亿美元，文化媒体网站广告收入 217 亿美元。

数字技术推动了设计、出版、音乐、视频、电影、网络游戏、视觉艺术、表演艺术等传统创意产业向新媒体转型，从而延伸了产业链和价值链，并且形成了包括数字出版、数字动漫、数字视听、移动内容、网络游戏等多领域、庞大的数字创意产业群。

如数字出版,其产业链包括上游的作者和出版社、中游的技术解决方案提供商、下游的数字化图书销售商,涵盖电子图书、数字报、数字音像、电子杂志、网站、手机报、网游、动漫、多媒体等领域。自 2001 年以来,全球数字创意产业增长速度保持在 40% 以上,2007 年产值已超过 4 万亿美元。到 2016 年,英国数字创意产业占GDP 的比重达 8%,居全球首位,全球音乐的 15% 及全球视频游戏的 16% 均来自英国,数字娱乐产业已成为英国第一大产业。美国数字创意产业占 GDP 比重为4%,网络游戏业是美国最大的娱乐业,产值已超过好莱坞电影业;日本数字创意产业占 GDP 比重为 2.4%,其中动漫制作占全球 60% 的份额;中国数字创意产业占GDP 比重为 0.7%,增长潜力巨大。2015 年数字创意产业有 36 948 家企业,从业人员约 384 万,产业规模达 5 939 亿元,同比增长 22.9%。其中 VR 增幅达267.5%,成为新增长点;网络文学增长快,动漫衍生品市场巨大,游戏业的电竞、在线教育结合语音识别、人工智能等技术将更广泛应用。

4.1.3 价值链加快延伸拓展,衍生品成为利润的主要来源

创意产业涵盖了内容创意、生产制造、营销推广、传播渠道、体验消费等价值链环节,具有产业链长、产业融合性强等特征。创意赋予商品特定的文化属性,满足消费者对品位、时尚的追求。创意产品中的文化元素与产品要素相结合,不断生产出大量衍生品。目前,创意产业的衍生品产值远超过原创产品的产值,成为创意产业利润的主要来源。如一部成功的影片将在音像制品、图书、服装、玩具及手机、电脑游戏等领域产生衍生品。有资料显示,目前美国电影业的收入来自票房的仅占27%,来自电影衍生品开发和销售的占 73%。在迪士尼公司的全部收入中,电影发行加上后续的电影电视收入只占 30%,而来自主题公园、品牌销售的收入占 70%。日本动漫公司通常将动画片视为整个产业链和衍生品的广告,在制作动画片之前,就做好其衍生品的开发规划,动画片放映之际,相关产品开始热卖。日本动漫公司在欧美市场甚至免费将动画片提供给电视台播出,其目的在于树立日本动画的风格形象,为其衍生品销售做宣传。

4.1.4 集聚效应明显,国际化大都市成为创意产业的集中区域

创意产业处于价值链的高端,具有产业链长、渗透性强、辐射力强、附加值高等特点,从而表现出广泛的产业关联性,并与当地资源优势密切结合,形成特色创意产业集群,对于影响和带动区域经济增长和产业转型升级发挥了重要作用,其创意产业规模和效益成为当地经济增长的重要支撑。长期以来,全球创意产业发展主要集中在国际化大都市。纽约、伦敦、巴黎、米兰、东京等成为世界创意产业的引领者。纽约曼哈顿"苏荷"艺术聚集地、百老汇大道,洛杉矶的好莱坞影视产业集群、伦敦的舰队街、东京的动漫集群等都是创意产业集群发展的成功典范。

伦敦拥有英国超过46%的广告创意设计人员,80%~85%的时装设计师,40%的出版业从业人员,50%的广播电视从业人员;1/3以上的设计机构集中在伦敦,其设计业产值占英国设计产业总产值的50%以上;伦敦每年要吸引近千万的国内外访问者参观博物馆、公共图书馆、英国文化遗产景点以及观摩音乐、戏剧、舞蹈、时装表演等。

纽约是美国文化创意产业最为繁荣和发达的地区。全美约8.3%的创意产业部门员工集中在纽约,占纽约市下属5个行政区总就业人口的8.1%以上。除拥有百老汇、林肯艺术表演中心、美国大都会博物馆、美国自然历史博物馆等著名文化设施外,纽约也是出版业的主要聚集地。这里集中了美国18%的出版从业人员,拥有2 000家非营利文化艺术机构,出版发行4种日报、2 000多种周刊和月报,拥有《时代周刊》《新闻周刊》《财富》《福布斯》《商业周刊》等几百家著名杂志社。

此外,巴黎有"世界文化时尚之都"的美誉,吸纳了法国76%的创意设计岗位,圣埃蒂安聚集了超过50家欧洲和世界领先的创新企业和2万家中小型创意企业。东京集聚了日本50%以上的创意产业从业人员,其中时尚设计业的47%、设计企业的40%集聚在东京。柏林拥有8 000家设计公司,分布于产品、家具、视觉传达、时尚等设计领域。蒙特利尔聚集了加拿大魁北克大区65%的设计师,其产出占蒙特利尔文化产业的34%。首尔的设计业创造了17万个就业机会,拥有57 625个专业设计师。上海聚集了全球30多个国家和地区的6 110家设计企业,拥有数量众

多的创意设计大师工作室,约有 75 个创意产业园区。

4.1.5 加快创意产业全球战略布局

英国于 2008 年推出创意产业五年策略(2008—2013 年),以"将创意视为英国文化核心,让创意成为国家认同"为愿景。英国政府成立了四大机构推动创意产业发展:创意出口小组、艺术表演国际发展小组、创意伙伴计划小组、文化遗产及旅游小组。2011 年英国政府推出"文化遗产合作计划(2011—2015 年)",推行跨部会、民间合作,发展观光旅游。

日本政府积极打造"酷日本"形象,并制订"文化立国"策略,将日本发展成为动漫王国。日本政府选定漫画、电玩、饮食、流行时尚、家具、家电、生活用品及地方物产等 10 项产业向世界推广。日本经产省为扩大文化产业出口制定四个主要政策。一是确立"酷日本"概念,2010 年,经产省设立"酷日本战略室",希望通过在全球培养更多的"日本游戏迷"或"日本动漫迷",整合传统文化、创新科技、现代动画和时尚产业,创造日本文化新价值;二是加强跨部门合作,将时尚流行、媒体内容、饮食、设计、观光结合起来;三是创造内需并开拓海外市场,挖掘地方文化特色;四是发挥设计创造力。

金融危机后,韩国政府大力发展文化创意产业以带动经济重新起飞,通过"韩流"提升文化影响力,促进创意产业出口,通过韩剧带动电影、音乐、游戏、韩语、食品的全球流行。多数韩国创意产品与服务以国外市场为目标。韩国制订了"韩流扩散四阶段"策略。第一阶段,让海外消费者着迷于戏剧、音乐、电影、游戏等;第二阶段,让海外消费者愿意为戏剧、观光、角色商品以及与大众文化、韩国明星有关的商品买单;第三阶段,让海外消费者愿意购买电子产品、生活用品等;第四阶段,让海外消费者愿意来韩国旅游观光。此外,编制"韩流指数"作为产业政策参考的关键指标。

此外,中国香港、中国澳门、新加坡定位于"创意、旅游、媒体之都"。2010 年中国台湾在资金、研发、流通、租金、人才等方面给予适当的奖励和补贴政策,成为提高其创意产业营业额的重要驱动要素。

4.1.6　知识产权保护日益成为全球创意产业竞争的主要焦点

知识产权作为创意经济的核心资产,也是其发展的有效推动力,不仅为创意成果的创造者提供权益保障,也为创意产品传播确立了有效的执行标准。保护知识产权是发达国家巩固创意产业优势地位的利器。美国、英国、日本等国家为适应创意产业发展的新形势和出现的新问题,通过不断完善知识产权相关立法,加强对创意产业的知识产权保护。首先,具有完备的知识产权立法体系。美国为促进版权业发展及全球竞争力提升,实施了全面的版权保护战略。一是设立政府部门的版权保护机构,如版权办公室、美国国家信息基础设施顾问委员会等;二是加强版权立法,美国形成了以《专利法》《商标法》《版权法》《反不正当竞争法》《跨世纪数字版权法》《半导体芯片保护法》《电子盗版禁止法》《伪造访问设备和计算机欺骗滥用法》等法律为主体的知识产权法律保护框架;三是积极推动版权保护国际合作,推动建立与国际贸易相关的新型国际版权保护体制。此外,英国形成了以《版权法》为核心的知识产权法律保护体系,日本有《著作权管理法》《IT 基本法》《著作权中介业务法》《知识产权基本法》《文化艺术振兴基本法》《内容产业促进法》等对创意产业知识产权进行保护和调整。其次,顺应创意产业形势发展适时进行法律修订。创意产业的发展对很多部门法律法规提出了新的要求。美国1978 年颁布的第三部《版权法》每年要修订 1～2 次,日本 1970 年颁布的《著作权法》,经过 20 多次修改才形成现行的《著作权管理法》。再次,保持政策的连续性。发达国家基本上形成了稳定连贯的政策支撑体系。这些政策不仅对创意产业进行了全面的规划布局,制定了长期的创意产业发展战略,还提出了具体的行动措施,以保证创意产业的稳定发展。各国在创意产业政策中都制定了知识产权发展战略,日本自 2002 年开始连续发布知识产权战略,为创意企业提供了知识产权保护的指导。

4.2 全球创意产业的重点领域发展

4.2.1 设计服务业

互联网、物联网、云计算、大数据的广泛应用改变了设计范式,使传统工业设计向创新设计发展。设计作为推动产业创新、转型升级和提高国际竞争力的重要手段,越来越得到各国重视。设计占创意产业总产值的比重由 2008 年的 42.93% 上升到 2013 年的 60%,其中主要包括设计咨询、工业零部件设计、室内设计与环境设计等。联合国贸易和发展会议(UNCTAD)数据显示,在美、英、日、德和中国等主要经济体的创意产业中,设计服务在服务贸易中的地位及对经济的贡献都是最为显著的。根据英国设计委员会报告(The Design Economy Report,2015),英国设计对经济贡献的总附加值(GVA)达 717 亿英镑,占总体经济附加值的 7.2%。自 2009 年以来,设计对经济贡献的增速高于平均增速。设计业从业人员生产效率高于平均生产效率 41 个百分点,使用和进行设计投资的企业生产效率也高于企业的平均生产效率。英国的调查显示,过去 10 年设计驱动型企业的增长率超出了英国证券市场整体表现的两倍。创意设计不仅给企业带来高利润、高附加值的产品,而且成为提升企业品牌、增强国际竞争力、推动制造业升级的重要途径。据波士顿咨询公司(BCG)发布的"2015 全球最具创新力企业 50 强"报告,"前三强"分别是苹果、谷歌和特斯拉。在"50 强"中既有科技企业,也有传统企业,但是都是典型的创新设计驱动型企业。

4.2.2 动漫网游业

全球动漫产业总体规模已突破 5 000 亿美元,并且仍将保持高速增长趋势,已成为六大支柱产业之一。新媒体技术的发展为动漫业带来了新的机遇和更广阔的发展空间,使动漫产品的传播速度更快,传播方式更多样化且具交互性,内容更丰

富,受众群体更加细分。根据联合国教科文组织报告(2015),游戏产业产值达 990
亿美元,提供了 60 万个就业岗位;亚洲提供了 47%的产值、42%的就业岗位;到
2018 年在线和手机游戏将占据 86%的消费者游戏市场。据该报告预测,全球智能
手机数量将于 2019 年达到 38.5 亿部,从而带来网络在线游戏的快速增长与巨大
发展。中国产业信息网发布的《2013—2018 年中国网络游戏行业市场深度研究及
投资前景评估报告》显示,随着互联网和云计算技术快速发展,全球网络游戏市场
高速增长,未来增长潜力巨大;2015 年全球网络游戏市场规模已经达到 884 亿美
元,同比增长 9%;2013—2018 年全球网游增速基本稳定在 8%左右;除客户端游戏
外,网页游戏、移动游戏等新产品不断涌现,新兴游戏市场发展速度更快;未来几年
全球网络游戏业将继续保持较快发展的态势。

4.2.3　数字媒体与出版业

全球出版业呈现数字媒体与传统出版业竞相发展态势。数字媒体出版指将文
字、图片、视频、音频等创意内容运用数字技术加工处理和应用后进行出版的活动。
该领域发展具有以下特点:一是大数据应用为数字出版业带来了巨大的发展空
间,大数据帮助出版商获取、收集、分析海量出版信息数据,为数字出版业的发展提
供指引,同时也推动了数字出版业的巨大变革,为传统出版业向数字出版业的转型
带来了重要机遇;二是数字出版业正在从传统的"编辑—印刷—发行—数字化"单
产业链模式演变为集技术融合、内容收集、媒体传播、个性服务等于一体的网状式
的产业链和利润链模式。

根据联合国教科文组织报告(2015),全球报刊产业产值达 3 540 亿美元,提供
了 290 万个就业岗位,其中,亚洲占了 40%的产值,提供了 57%的就业岗位。该报
告还显示,发达国家的传统出版正向在线出版转变,2014 年 9 月《纽约时报》平均每
天印刷品数量少于 65 万本,但 2015 年 1 月其网站和相关 App 吸引了将近 5 400 万
浏览量;然而,发展中国家报纸印刷正在兴起,到 2019 年,中国和印度将总共占据
57.3%的全球平均每日印刷数量(2014 年这一数字为 49.7%),到 2019 年,杂志总
收入将呈现曲线式上升,将会有 1.5%的增长。报告称,2015 年,印刷品占据全球

图书销售总量的 80%,在发展中国家销量更大;全球图书业产值达 1 430 亿美元,提供了 370 万个就业岗位,其中欧盟占了 37%的产值,亚洲提供了 46%的就业岗位;预计到 2019 年,全球图书业收入将由 2014 年的 1 200 亿美元增长到 1 280 亿美元,其中教育类书籍收入将超过快消类和专业类书籍收入,预计 2014 年至 2019 年间的全球教育类书籍收入将会增长 2%,超过快消类书籍(0.8%)和专业类书籍(1.6%)。

4.2.4 音乐广播及影视业

根据联合国教科文组织报告(2015),全球音乐产业产值达 650 亿美元,贡献了 400 万个就业岗位,其中美国贡献了 36%的产值,亚洲占了 33%的就业岗位;音乐产业开始向数字化和移动化发展,2015 年全球消费者消费的数字产品和服务超过实体产品,2014 年有 22 个国家的数字录制音乐收入超过实体录制音乐。该报告预计,到 2019 年,这个数字将会翻番。报告称,全球电台产业产值达 460 亿美元,贡献了 50 万个就业岗位,其中美国贡献了 45%的产值,亚洲贡献了 35%的就业岗位;电台广告收入在电台收入中的份额将从 2014 年的 75.3%上升到 2019 年的 75.8%,美国在全球电台市场占主导地位;在发展中国家尤其是非洲,社区电台等开始兴起,这些规模小、本地化和社区化电台推动了文化多样性、新闻播放、音乐传播和内容输出的快速发展。

根据联合国教科文组织报告(2015),全球电影和电视业产值分别达 770 亿美元和 4 770 亿美元,共创造了 600 万个就业岗位,其中美国作为产业领先者占了 37%的产值,美国影视业占据超过 4 成的国际市场份额,控制了世界 75%的电视节目和 60%以上的广播节目生产制作,利润在美国出口中位居第一。美国好莱坞作为世界最大的电影生产基地一直垄断世界电影市场,美国电影产量仅占世界电影总产量的 6%~7%,但好莱坞电影占据世界电影市场份额的 90%以上。该报告预计,到 2019 年,中国、巴西和阿根廷将分别以 14.5%、6%和 11%的速度带动世界电影娱乐收入的强势增长。电视业方面,北美占了 38%的产值,亚洲提供了 55%的就业岗位。电视业是盈利最多的产业,报告预计到 2018 年,全球广播与有线电视市场份额将增长 24.3%。发展中国家的数字电视和付费电视订阅数正在增长,发达国家的网络电视和数字电视内容也越来越受欢迎,新的付费电视商业模式正在兴起。

"互联网+"使电影电视剧由传统媒体向互联网和移动互联平台转移。互联网在线影视时间更具自由性,在中国尤其成为"80后""90后"青年的主要影视消费渠道。互联网著作权衍生影视作品占据更多市场份额。近年来,越来越多的网络著作权电影、电视剧被搬上银幕,成为中小型影视公司创作的重要来源。

4.2.5 广告业

联合国教科文组织报告(2015)数据显示,广告业产值达 2 850 亿美元,贡献了200 万个就业岗位,其中欧盟贡献了 50%的产值和 50%的就业岗位。该报告称,到2019 年,全球广告收入将会增长 3 亿美元;在互联网尤其是移动互联网的冲击下,以报纸、杂志、广播和电视为代表的四大传统媒体广告业务快速下滑,建立在四大传统媒体基础上的传统广告业运营模式被瓦解,其中报纸广告经营额出现断崖式下跌;同时,以新媒体、互联网为代表的广告业务迅猛增长,移动网络广告收入增长速度达 23.1%。报告还预计到 2019 年,数字广告将会成为最大的广告产业;发展中国家的广告产业总体处于蓬勃发展态势,新兴市场对全球市场的贡献度已经扩展至 37%;数字技术、人工智能技术强化了数据在广告运作中的应用,加快了广告业务运作的智能化,程序化购买和实时竞价(RTB)已经实现了广告投放和交易机制的智能化;在大数据及其技术的作用下,广告媒体投放由原来的主要依靠人力制定媒体策略和购买,转变为实时动态的程序化交易,大部分网络广告交易已经实现了程序化自动执行。据预测,未来几年程序化自动投放的比例将会达到 75%。

4.3 主要国家创意产业发展状况

4.3.1 美国创意产业发展

美国创意产业年产值占 GDP 的 1/4 以上,成为重要支柱产业,并为金融危机后美国经济复苏注入了强劲动力。美国创意产业贸易逆差明显,表明美国在创意消费方面的巨大需求。设计服务是最大的进出口领域,其他主要的进口创意产品为视觉艺术、出版、新媒体和工艺品。出口方面,设计、视觉艺术、出版、新媒体和影视等都具有较强国际竞争力。美国创意产业的发展得益于自由市场环境、完善的知识产权法律体系及科技与创意产业的深度融合。美国非常重视市场的作用,采取自由竞争政策刺激产业发展,政府致力于创造良好的环境,发达的金融投资环境使年轻人较容易创业。政府在政策上采取了"杠杆方式",以"资金匹配"来鼓励多方主体对文化产业进行投资,使投资主体呈现多元化格局。地方政府、企业、文化团体、外商投资、私人捐赠都成为文化创意产业发展的重要资金来源。美国文化产品主要以高科技为载体和内容,大大提高了产品附加值,并创造了全新的生活理念和文化需求。政府鼓励将高科技成果应用于创意产业,如数字制作技术在影视业中的应用和互联网技术在图书出版业中的应用等,促进高新技术和内容创意的结合。

4.3.2　英国创意产业发展

英国是世界文化创意强国,创意产业已经成为仅次于金融业的第二大支柱产业,其中影视、时尚、广告等领域均处于世界领先水平。英国政府于 2015 年 1 月发布的《创意产业经济估测》报告显示,1997 年至 2013 年创意产业在英国提供的就业增长率为 3.9%,远远高于同期 0.6% 的国内平均就业增长率。仅 2013 年,创意产业提供了 262 万个就业机会,相当于每 12 个工作中就有一个出自创意产业,创意产业总增加值 769 亿英镑,占英国国内生产总值的 5%,所创造的服务出口值达到173 亿英镑,占全英服务出口值的 8.8%,2015 年创意产业总增加值(GVA)占国内生产总值 5.2%。设计服务是英国创意产业最大的贸易领域,其他主要为视觉艺术、出版、新媒体和工艺品。英国政府特别强调从源头上培养创意产业,对具有创造性的文化艺术门类提供帮助。经费主要扶持与公众文化生活密切相关的文化单位和艺术品种,并且提高对文化艺术经济价值的认识。注重通过非政府性的 CIDA(创意产业发展局)整合社会资源,促进推广创意产业发展,帮助传统企业进行创意产业转型,为创意企业寻找风险资金,争取政府基金支持及进行项目策划、评价及人才培训等。注重加强创意产业国际交流,尤其注重促进从业者之间的交流,消除国与国之间的贸易壁垒。

4.3.3 日本创意产业发展

日本创意产业规模和影响力在亚太地区具有领先地位,日本创意产业体系齐全,对经济增长贡献较大,具有鲜明民族文化风格,在世界创意产业贸易中独具特色。除广告、报纸、体育、影视、旅游等传统产业外,设计、动漫、游戏和数字内容产业成为日本创意产业的主要组成部分。设计、影视、音乐、新媒体、视觉艺术、出版等为主要出口行业。日本是世界上最大的动漫制作国和输出国,根据日本动漫协会的 2015 年产业报告,日本 2014 年动漫产业狭义市场规模为 1 847 亿日元,广义市场为 16 296 亿日元。日本的内容产业中的动画、漫画和游戏占国际市场份额的1/3,在欧美市场的占有率更高。日本动漫业收入主要来自音像制品和电视播放,累计占比 63%,商业化授权收入占比为 8%。日本杂志业也因漫画业的发达而繁荣,年均漫画杂志和图书发行产值高达 32 亿美元。日本支持并加强新技术的研发,如促进电影制作、流通及上映等过程数字化,支持宽屏幕技术研发,支持数字内容流通技术研发等。日本政府先后制定了一系列促进政策与法律法规,为创意产业健康发展提供良好的环境。2001 年日本国会提出《振兴文化艺术基本法》,明确涉及电影、漫画、动画的知识产权保护问题,2005 年制定《知识财产推进计划2005》,并成立知识产权高等法院,专门审查知识产权案件,打击假冒盗版产品。日本政府支持非文化企业和境外资金投入创意产业。1990 年,日本先后成立了"振兴文化艺术基金"和"企业艺术文化后援协议会",基金由政府和民间共同出资。日本重视创意产业人才的培养,各大学府和职业学校都开设有关创意产业的专门学科。

4.3.4 印度创意产业发展

印度政府放松管制和自由化政策促进了文化创意产业扩张,为传媒娱乐业的成长繁荣创造出了有利的制度环境,近年来印度创意产业一直保持高增长态势。根据美国电影协会报告(MPAA, 2015),印度创意产业生产总值为 36 亿美元,创造了 184 000 个直接就业岗位;音乐、舞蹈和电影已经成为印度具有代表性的文化品牌,媒体、娱乐业发展十分迅速,一直保持着两位数以上的平均增长率,远远高于同期整体经济增速;电影电视、与 IT 相关的数字娱乐业、广告业是印度创意产业的主要组成部分;印度注册报纸多达 94 000 多家,其中《印度时报》以日均 330 万份的发行量成为全球发行量最大的英文日报;印度 24 小时播出的电视新闻频道达 45 个;印度拥有继中国、日本之后的亚洲第三大、全球第六大电影市场,年度票房收入达 17 亿美元,年均新启用的电影院达 150 家;印度 2.14 万网民中有 1.3 亿通过手机使用互联网。该报告预计到 2018 年,印度手机用户将超过 3.5 亿,互联网用户将达到 4.94 亿,为印度创意产业的发展提供了巨大机会;同时,印度已经拥有了 TCS、Infosys、Sytyam、Wipro 等一大批具有国际竞争力的软件企业。

4.3.5 中国创意产业发展

中国创意产业规模快速增长,国际地位显著增强。2015 年,全国文化及相关产业增加值为 27 235 亿元,占 GDP 总量的 3.97%。2015 年,中国电影票房总量为 440.69 亿元,位于全球第二位,同比增长 48.69%。其中,国产影片票房总额 271.36 亿元,占比 61.58%;进口片票房总额 169.33 亿元,占比 38.42%。图书、报纸、电子出版物品种和总量连续多年稳居世界首位,2015 年,出版、印刷和发行服务实现营业收入 21 655.9 亿元,增长 8.5%。广播电视业成为世界规模最大、覆盖人口最多的电子传媒。截至 2015 年,全国广播综合人口覆盖率为 98.17%,电视综合人口覆盖率为 98.77%;有线电视用户 2.39 亿户,有线数字电视用户 2.02 亿户;2015 年共计生产完成剧目 394 部。2015 年动漫业产值已突破 1 000 亿元,网络游戏市场实际销售收入 1 407 亿元,增长 22.9%。设计服务业呈现良好发展势头,实现增加值 4 953 亿元,增长 13.5%。截至 2015 年,全国艺术表演团体 10 787 个,全年演出 210.78 万场,增长 21.2%;国内观众 9.58 亿人次,增长 5.3%。广告业成为仅次于美国、日本、德国的全球第四大市场。2015 年广告经营额 5 973.41 亿元,增长 6.56%;广告业新增经营单位 128 203 户,增幅达 23.58%;创造新的就业岗位 354 603 个,增长 13.05%。新媒体业呈现快速发展态势,截至 2015 年,我国网民规模 6.88 亿,互联网普及率为 50.3%,在网活跃移动智能设备数量达 8.99 亿,手机媒体、网络视频用户规模达 5 亿以上。文博业战略地位日趋上升,截至 2015 年,全国登记注册的博物馆有 4 692 家,其中国有博物馆 3 582 家,非国有博物馆 1 110 家,共有 4 013 家博物馆向社会免费开放,所占比例为 85.5%。会展业成为亚洲区域性"展览中心",产值约占第三产业的 15%。2015 年全国举办展览 9 505 场,展出面积 11 907 万平方米,提供就业 1 971 万人次,直接产值 4 358 亿元,拉动效应 3.9 万亿元。

中国将成为世界最大的文化创意产品消费市场。随着城乡居民消费结构升级、整体文化素质提升,对于文化艺术、旅游、休闲娱乐、时尚消费的需求增加,将带动建筑装饰设计、服饰设计、艺术品收藏、音乐演出、电影电视、文化旅游等领域发展。创新驱动发展战略将推动企业加快创新速度,创建自主品牌的需求将带动设计、会展、广告、软件等科技性创意产品需求。中国信息技术应用已位于世界前列,将带动动漫、网络游戏、数字内容等创意产业发展。此外,人力资本供给丰富,将使创意产业具有较强的可持续发展能力。

4.4　全球创意产业的趋势

4.4.1　全球创意产业将呈现以跨国公司为主导的市场布局

伴随经济全球化、政治多极化、文化多元化的趋势,全球创意产业竞争日益激烈,尤其是大型跨国公司主导的趋势日益明显。一些具有国际竞争力的创意企业通过跨行业、跨国界兼并重组,实现资金、人才、技术、管理等要素的全球化配置,一方面加速传媒、娱乐、出版、互联网、电信等产业的相互融合,另一方面也导致创意产业的市场结构呈现出寡头垄断的趋势。跨国公司凭借其技术先发优势和全球经营优势,通过创意产品出口、资本扩张、品牌及管理模式输出等控制全球市场。以媒体市场为例,全球50家媒体娱乐公司占据世界95%的传媒市场,美国控制了全球75%的电视市场。美国在线时代华纳拥有原美国在线的2 000万网络用户和原时代华纳1 300万有线电视用户。美国迪士尼公司通过品牌授权经营,目前在全球已拥有4 000多家品牌授权企业;德国贝塔斯曼集团通过并购成为全球最大的英语商业图书出版集团,在全世界拥有数百万会员,是世界媒体业第三大超级集团。

4.4.2 全球创意产业将呈现集群化、品牌国际化趋势

集群化仍是创意产业发展的主要趋势。据美国劳动市场数据研究公司(EMSI)对2014年美国百万人口以上的51个大城市在产业类型、规模、设计师人数、佣金等方面的统计分析,美国设计产业集群现象十分明显。比如在纽约和洛杉矶的时装设计业遥遥领先,在旧金山湾区、奥斯汀、西雅图高新技术积聚的区域研发设计业则相对发达,在底特律和辛辛那提这样的工业重镇,工业设计也相对发达。因此,美国创意产业通常在综合考量高科技、工业、资源等因素的基础上实施布局,以便使创意设计与相关产业紧密融合,从而带动相关产业发展,推动区域经济转型升级,同时为创意设计发展提供市场空间。打造国际化品牌日益成为全球创意产业竞争的关键。纽约、伦敦、米兰、巴黎、东京等一些"世界创意之都"十分注重通过举办国际性活动,如创意设计节、时装周、电影节、动漫节等活动打造品牌效应,进一步提升和强化城市的创意产业向心力、凝聚力和影响力。

4.4.3 服务外包成为全球创意产业发展和创新的主要模式

服务外包已经成为软件设计、动漫、游戏等创意产业发展的主要模式。美、英、日等创意产业发达国家是主要发包国,中国、印度、爱尔兰、捷克、菲律宾、马来西亚、新加坡、墨西哥、俄罗斯等国是主要承接国。服务外包使发达国家与发展中国家共享全球创意资源,推动了创意产业全球化发展。尤其是"众包"模式已经成为推动创新全球化和大众创新的主要路径,使传统、封闭、独享的创新模式变成开放、共创、分享的创新模式,实现了全球创新资源的高效配置。众包模式提高了大众对

创新的贡献度、参与度。如苹果的软件设计数量有 90 多万个,其中 70 多万个采用众包模式。亚马逊、标致、宝马、乐高、宜家和阿迪达斯等跨国公司纷纷应用众包模式进行新产品研发设计。

4.4.4　互联网与数字技术结合将催生创意产业的新业态和新模式

数字技术与创意产业紧密融合使越来越多的创意产品呈现出定制化、个性化、用户驱动创新等特点,同时使创意产业更多地关注文化体验和共同创造,越来越多的文化受众变成参与者,文化消费者变成创造者。数字信息技术改变了设计创新的流程与范式,促进产品设计、制造与消费的无缝对接,将不断创造新的消费方式和服务模式。创意设计与网络信息技术、材料技术等高科技快速融合及互联网众创平台的发展,将不断推动创意产业加速产品创新、内容创新和社会创新,促进全球创意资源的合作与分享。

第5章

设计创新与国家设计系统

5.1　导语

当前,世界现代创意设计业的发展,越来越成为综合国力竞争的重要因素。世界发达国家和许多发展中国家都把创意设计业作为国家发展战略的一部分,设立政府管理机构,制定发展政策,给予金融、财税支持等,引导和扶持创意设计业快速发展。国际经济、文化的频繁交流和激烈竞争,为我国文化创意产业发展带来强劲动力。党的十八大提出,实施创新驱动发展战略,要坚持走中国特色自主创新道路,以全球视野谋划和推动创新,提高原始创新、集成创新和引进消化吸收再创新能力,更加注重协同创新,这要求设计作为创新的重要手段在新时期发挥更大的作用。2010 年,工信部等 11 个部委局通过发布《关于促进工业设计发展的若干指导意见》,进一步确定了我国工业设计发展的核心内容;国家《文化产业振兴规划》提出文化产业要成为推动社会主义文化大发展大繁荣的重要引擎和推进经济发展的新增长点。根据城市定位与资源优势,北京①、

---

① 北京市人民政府.北京市"十二五"时期文化创意产业发展规划[EB/OL].(2011 - 04 - 25)[2019 - 01 - 12].http://www.ce.cn/culture/whcyk/gundong/201104/25/t20110425_22382659.shtml.

上海①和深圳②均在"十二五"规划中提出了要将创意设计产业打造成为引领和支撑城市新一轮发展的重要支柱产业。自2011年以来,创意设计业在三地已获得快速而全面的发展。

与欧美国家的原发性"设计之都"(如米兰、巴黎、伦敦、纽约)和欧亚国家的催发型"设计之都"(如赫尔辛基、斯德哥尔摩、首尔)等城市相比,我国虽然得益于经济规模的庞大,据《2013年上海市文化创意产业发展报告》,近3年来,上海、深圳、北京的设计业(以工业设计为主)每年增幅明显,总产值一直保持上升态势,设计服务于第二、第三产业的能力也逐年加强,但无论是设计产业规模、设计产业成熟度还是设计竞争力方面与其他国际著名"设计之都"相比均存在明显差距,这是我国设计创新整体能力现状的真实反映。究其原因,除了设计产业起步较晚、设计资源结构与品质欠佳和较为深厚的设计文化相对缺乏之外,一个完善的设计系统依然是国家和地方建构具有可持续竞争优势的设计创新能力必须建设的首要内容,也应是国家和地方设计政策发挥效力的主要着眼点。下文将从国家设计系统概念出发,通过对欧洲设计系统的分析探讨,提出我国当前建设设计之都、发展国家设计创新能力的对策与建议。

5.2　设计创新政策与国家设计系统

设计是一个问题求解的途径,能够通过发现与整合用户需求来促进公共、私人机构及社会的产品、服务和流程创新。英国设计委员会和丹麦设计中心的研究表明,设计不仅能从微观层面提升公司价值,也能从宏观层面驱动经济的增长。到目前为止,无论是在欧洲还是亚洲,设计依然处于国家与地方的创新政策框架之外。一个可喜的改变是,欧委会已于2010年开始将设计定位为欧洲创新政策10个优

① 上海市文化创意产业推进领导小组办公室.上海市文化创意产业发展"十二五"规划[EB/OL].(2011-04-02) [2019-01-12].http://www.creativecity.sh.cn/chanyezhenci/detail.aspx? id=54.
② 深圳市人民政府.深圳文化创意产业振兴发展规划(2011—2015年)[EB/OL].(2011-11-14)[2019-01-12]. http://www.sz.gov.cn/zfgb/2011/gb764/201111/t20111114_1767652.htm.

先考虑要素之一,并将为进一步加强欧洲在设计和创造力方面的优势进行规划与探索。这一规划鼓励通过设计创造新的市场机会、寻求新的途径推动私营和公共机构的创新以及运用设计应对社会挑战,并对到 2020 年"设计在遍及全欧洲的创新政策中得到了很好的整合"充满希望。目前,设计已经提上欧洲政策议事日程。与之类似的是,尽管经过多年的发展,我国的创新政策已经较为完善,但根据经济合作与发展组织(OECD)的研究报告,我国的创新政策依然是围绕着科技创新展开的,设计并没有被纳入国家创新系统的框架之内。

5.2.1　设计是新的创新着力点

根据英国设计委员会的设计价值实证报告,商业活动中每 100 英镑的设计投资,其回报为 255 英镑。丹麦商业管理部关于设计的经济效用研究报告显示,设计的使用与企业的经济表现及后续的宏观经济增长之间有着明显的相关性,且采购过设计服务的企业的营业总收益超出平均值的 22% 以上。在过去几年中,越来越多的国家和地区开始将设计纳入创新政策的框架内。将设计促进政策的推行作为一种政府干预手段的目的在于,通过从国家和地区层面加强设计系统各单元之间的互动来刺激设计的供应与需求关系,以应对由于系统失灵导致的创新失败[①]。通过对设计系统中表现不良的要素进行分析,政府能更好地选择与定制政策工具,改良系统短板,提高设计系统各部分的协调性和整体表现。只有确保设计系统的每一个方面强大、稳健、步调一致,才能保证系统有效,保证设计成为国家和地区获得竞争优势的关键资源。

设计与创新之间的联系一直都存在,设计是创新工具组合的一个部分。但是创新领域的涉入者对设计与创新之间关系的理解并不是很清晰。尽管创新的概念已人所共知,但是不同的涉入者,如政策制定者、商业人士、设计师、公众和学界人士对于设计的理解是有明显差异的。Nonaka 认为创新是一个对技术、产品、服务

---

① Whicher A, Cawood G, Walters A. Research and practice in design and innovation policy in Europe [R] International Design Management Research Conference, 2012.

进行知识整合,贯穿于整个企业策略中的价值创造过程[①]。设计与创新都能为产品、服务和系统带来竞争优势。不同之处在于创新活动通常无法保证一定会带来创新结果,而设计过程所形成的结果(产品、服务或流程)通常能实现其满足用户需求的目标。

另外,与过去不同,创新不再仅仅局限于单纯的技术开发,而是越来越多地涉及服务、用户体验和社会系统改良,这要求设计在创新中担当比过去更为重要的角色,许多调查数据也支持这一观点。英国 NESTA 创新指数(2009)显示,对于创新而言,设计比研发更为重要(见表 5.1)。该报告还显示,英国私营机构产出的 2/3 来源于创新,且设计的创新贡献(16.6%)高于研发(11.2%)。设计是架设在技术、服务、用户和社会创新之间的桥梁,设计的核心是以用户为中心的创新过程。苹果公司尽管在科技研发方面投入巨大,但是其成功的关键因素在于公司所具有的设计天赋、整合多领域技术的能力和对用户体验的执着。

表 5.1　NESTA 创新指数 2009 年:英国的无形资产投资

	无形资产投资	单位(10 亿英镑)	占　比
1	技能训练	32.1	24.1%
2	组织品质提升	26.1	19.6%
3	设计	22.1	16.6%
4	软件开发	20.2	15.1%
5	研发	14.9	11.2%
6	广告与市场研究	14.5	10.9%
7	其他	3.5	2.5%
总计		133.4	100

在当今产品创新领域,通过用户需求发现,竞争的全球化使得创新机会成为重要的获得竞争优势的有效途径,无论是面对个人消费品和服务设计,还是面对公共服务产品,都是如此。设计成为企业和公共机构寻求到的一条除单纯技术研发之外的创新途径,对于那些不具备持续投资技术研发实力的小型企业而言,以设计驱动的创新就显得尤为有价值。另外,对于传统制造业而言,设计还有助于通过围绕

---

① Nonaka I. The knowledge-creating company [J]. Harvard Business Review, 1991(6): 96.

其核心产品开展服务创新来提高消费体验价值。无论是对于企业还是对于公共服务及社会发展，设计都是一股强劲的创新力量。

5.2.2　设计与创新政策

设计作为一种创意过程，已成为各产业获取竞争力的重要手段。英国设计委员会 2003 年调查表明，90％快速增长的公司认为设计是实现公司盈利必不可少的组成部分，那些为创新制定了设计战略的公司，其伦敦金融 100 指数近 10 年来增长了 199％。丹麦一项针对设计重要性的研究中，有 71％的接受调查的公司认为设计会促进创新，79％认为设计具备促进公司利润增长的潜在作用。虽然有扎实的证据表明，设计对于企业提高竞争力具有正面影响，但企业依然对设计对于企业的商业活动具有何种价值认识不足，企业内部活动也暴露出同样的问题。根据英国设计委员会的调查，只有 22％的英国公司通过设计来实施产品与服务开发，而44％的公司认为设计根本不重要。由于信息的不对称，私营机构对于设计价值认知不足，而且由于设计师拿不出证实投资设计具有可观的回报率的有效证据来说服客户，因此，公司对一个无法搞清其投资回报的项目减少投入，甚至拒绝投入也就理所当然。这种设计供需关系的失衡阻碍了设计创新的实现。

设计供需关系的失衡在许多创新政策研究者看来不是市场失灵造成的，而用系统失灵来解释更为适合。在创新研究领域，有研究提出，"创新是一种互动的、非线性的过程，其中的行动者如公司与许多其他的组织(如学术组织、客户、公共事业组织、金融组织等)和机构(如知识产权与文化机构等)存在一种互动关系"[1]。而这里所指的互动关系在现实活动中出现的失调，即为系统失灵的表现。系统失灵意味着政策制定者需要对这些关联要素加以广泛了解，才有可能制定出真正有效的政策。1980 年以来，弗雷曼[2]和伦德瓦尔[3]等一些政策理论家也提出有利于创新远

---

[1]　Woolthuis K, Gilsing V. A system failure framework for innovation policy design [J]. Technovation, 2005(25)：609 - 619.

[2]　Freeman C. The 'National System of Innovation' in historical perspective [J]. Cambridge Journal of Economics, 1995(19)：5 - 24.

[3]　Lundvall B. A. Product innovation and user-producer interaction [M]. Aalborg：Aalborg University Press, 1985.

离市场失灵下政策干预的调节方向，以涵盖更广泛的系统失灵理论。正是因为设计产业体系中存在不同于市场失灵的系统失灵，才需要通过政策干预来推动设计发挥创新价值。比如，许多小型公司都存在对专业设计服务的利用率低下的问题，原因之一可能是产业系统内部信息不对称。这就需要从更加系统的层面借助一些有效的政策工具来协调各个不同要素间的关系及行为。在系统失灵基本理论中，政府的职能就是通过制定政策和制订行动计划，以及刺激设计的供需关系来解决一个交互系统中系统单元失调的问题。这就涉及国家或都市（区域）设计系统这一概念。

5.3　国家设计系统

5.3.1　国家设计系统的概念

国家设计系统的主要职能在于通过呈现推动设计产业发展的各类相关主体的相互关系及活动（行为），对创新主体及其相互作用与动态变化实施系统性的监测与评估，为解决设计产业创新发展中的系统失灵问题提供依据。最先提出这一概念的是洛夫等人。这一概念所涉及的设计活动的相关主体包括在设计活动中积累知识与能力的组织，如设计服务企业、市场中介服务组织、设计中心、行业协会、设计网络与集群等，或对设计产业发挥政策性引导作用、提供资金资助的相关主体，如政府公共部门、非营利组织等。国家设计系统的相关主体既涵盖政府公共部门、非营利组织，也涵盖市场中介服务、设计企业等私人部门。洛夫在研究中提出的国家设计基础体系包括 18 个子系统要素[①]。斯旺提出来的国家设计系统涵盖 5 个类别，包括设计职业的公共投资，国家设计资产的公共投资，金融机制内的投资，支持系统思考的投资及面向学校、公司和其他机构展开设计价值认知推广的投资。卡伍德等人提出的国家设计系统包含 7 个元素，即设计政策、基金资源、设计教育、设计推进、设计支持、研究与开发、专业协会。这一模型被广为传播，但是其争议在于

---

① Love T. National Design Infrastructures: the key to design-driven socio-economic outcomes and innovative knowledge economies [R]. IASDR07 International Association of Societies of Design Research, 2007.

该系统缺失两个关键要素,即专业设计机构及私营和公共部门在设计方面的投入。

5.3.2　欧洲设计系统

惠彻等人在对欧洲的设计与创新政策展开研究[①]的基础上进一步提出了一个包含 9 个构成要素的欧洲设计系统模型,分为设计供给与设计需求两个部分。这 9 个要素分别是:设计投资(公共及私营机构),设计支持,设计促进,设计中心、协会、网络及集群,专业设计机构,设计教育,设计研究与知识转化,设计基金,政策、治理与监管。相对于前人的模型,该系统更完整地描述了设计系统的主体与关系(见图 5.1),已经成为欧洲制定设计政策的工作框架,也被其他国家和地区所借鉴,用于各自国家、区域及创意设计之都的设计系统建设。

5.3.3　国家设计系统的要素

1. 设计投资

解决设计政策系统失灵的方案通常围绕大幅提升私营和公共机构及其他机构与组织购买专业设计服务的规模这一核心展开。创新政策的出台是经济增长模式转变的标志,设计已经显示出在这一转变过程中所独有的价值。在欧洲设计系统中,"设计投资"要素的评估与监测涉及企业在设计上的经济支出和拥有内部设计团队的企业数量两个指标。根据利夫西和穆特里的估算,英国企业每年在设计方面的支出大概在 500 亿英镑[②]。丹麦商业管理局根据设计的经济效果研究估计丹麦企业每年在设计方面的支出为 11 亿美元以上。如果把人口规模考虑在内,丹麦的人均设计支出为 200 美元,超过了英国的 124 美元。根据调查,丹麦大概有 16%

---

① Whicher A, Cawood G, Walters A. Research and Practice in Design and Innovation Policy in Europe [R], Boston: 2012 International Design Management Research Conference, 2012.

② Livesey F, Moultrie J. Company spending on design: exploratory survey of UK firms 2008 [R/OL]. [2019 - 01 - 12]. http://www.designcouncil.org.uk/Documents/Documents/Publications/Research/Company SpendingOnDesign. pdf.

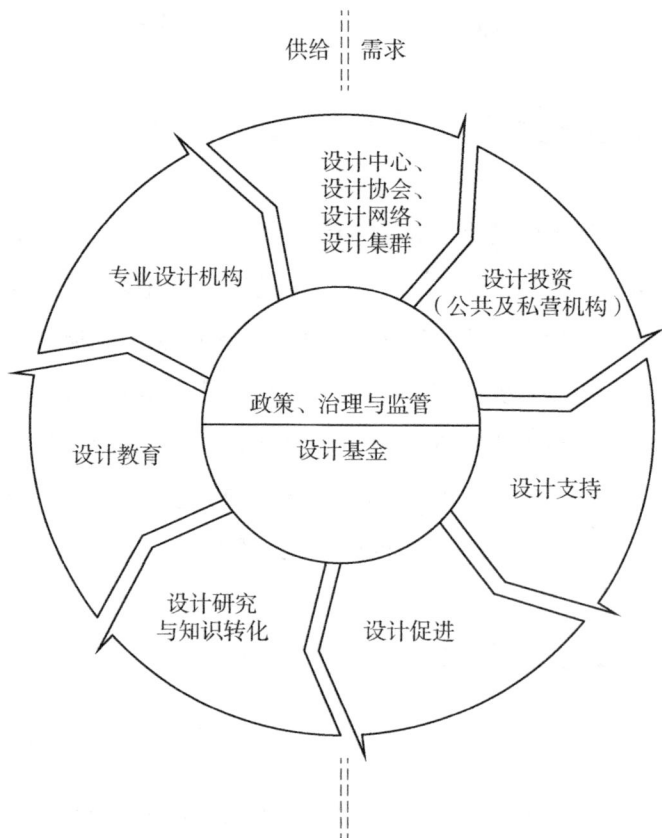

供给 ⫶⫶ 需求

设计中心、
设计协会、
设计网络、
设计集群

专业设计机构

设计投资
（公共及私营机构）

政策、治理与监管
设计基金

设计教育

设计支持

设计研究
与知识转化

设计促进

图 5.1　欧洲设计系统

的公司雇用了设计师,但雇用设计师超过 10 人的公司只占 1％左右①。根据设计
产业研究的估计,在英国企业内部就职的设计师约有 83 600 个,占英国设计师总人
数的 36％,比 2005 年增长了 8％②。也有一些研究表明,拥有内部设计团队(而且
一部分还是与生产制造部门结合在一起的)的企业数量非常少。评价公共事业机
构在设计方面的支出情况包括两个指标,即在专业设计服务方面的开支和管理部
门所拥有的设计管理人员(如负责宣传工作的人员)的数量。各级政府采购专业设
计服务的支出(无论是用于宣传还是更高层面的策略性设计)的相关数据普遍比较

---

① http://ebst.dk/publikationer/design/design_skaber_vaerdi/pdf/design_skaber_vaerdi.pdf.

② http://www.designcouncil.org.uk/Documents/Documents/Publications/Research/DesignIndustryResearch2010/
DesignIndustryResearch2010_FactSheets_Design_Council.pdf.

缺乏。但是公共事业机构中的设计管理者数量非常少，比较容易采集到。虽然由于数据不足，无法呈现当前设计实践的全貌，但设计日益显示出其对于经济增长的重要价值这一点对政策活动而言已经非常明确了。

2. 设计支持

欧洲和亚洲的一些主要国家几乎都有自己的设计支持计划来落实政府的设计政策。如英国的"设计要求计划"和丹麦的"破冰计划"以及爱沙尼亚设计中心近年来推行的"设计推土机计划"等。我国《关于促进工业设计发展的若干指导意见》和《文化产业振兴规划》也为推动创意设计业的快速发展发挥了重要作用。设计政策中对设计的价值定位可以分为 4 个层面：无明显的设计政策、面向工业设计的政策、面向服务设计的政策、面向策略设计的政策。根据国家设计创新能力建设的需要，英国和丹麦的设计政策到目前为止已经经历了几个阶段的调整，进入到第三次甚至第四次调整期，其设计政策定位已经发展到推动设计进入企业和公共事业单位的战略制定过程的阶段(见表 5.2)。我国自 2010 年提出工业设计振兴计划以来，政策主体建立在企业设计创新意识的提高和服务于制造业竞争力提升的定位之上，设计政策总体处于以第二层级为主体，向第三层级过渡的阶段。

表 5.2　欧洲主要国家的设计政策分布

第一层级	第二层级	第三层级	第四层级
无明显的设计政策	面向工业设计的政策	面向服务设计的政策	面向策略设计的政策
奥地利	法国	斯洛文尼亚	丹麦
比利时	爱尔兰	西班牙	爱沙尼亚
德国	意大利	瑞典	芬兰
希腊	葡萄牙		英国
荷兰			

值得注意的一点是，一些拥有深厚设计文化传统的国家，如德国和荷兰，其政府的政策主体中并没有明显的设计相关内容，因此虽然这两个国家的设计政策处于第一层级，但并不表示其设计创新竞争力不强。

从政策效用层面看，设计支持计划尽管是面向所有企业，但优先考虑一些创新型公司的需要，这样会使计划更具效率。比如通过一些特别计划，为那些具有高增长性、出口外向型、处于初创期的企业,以及代表国家和地方未来发展方向的新兴产业、传统制造业或处于服务设计能力提升阶段的私营及公共事业单位提供政策支持。目前我国各个地方都制订了全面的鼓励设计机构申请知识产权和注册专利的专项支持计划。

3. 设计促进

面向不同的社会群体(公众、公共事业单位与企业)进行设计价值的教育和创新意识的培养是一项需要巨大投入的事业。根据丹麦商业管理部的研究,丹麦每年在设计促进方面的投入在两百万美元以上。国家级的设计宣传活动由于资源消耗巨大,因而举办并不频繁,最常见的社会推广与促进活动是设计大奖、设计周和设计展。丹麦和芬兰是媒体报道设计信息最频繁的欧洲国家(在国家级报纸上报道频率为每月 5 至 7 次,国家级电视栏目上每月 1 次)。英国的国家级报纸对设计议题的报道频率为每月 2 至 4 次。数据进一步表明,这些设计相关话题多出现在媒体的文化与生活方式栏目,主要是对产品或时尚设计的讨论。设计话题在商业与经济栏目中出现的频率非常低。不过在丹麦,设计话题从媒体的文化栏目转移到主流商业栏目已经成为一个明显的趋势。从系统监测的角度看,通过采用公众设计认知的测量所获得的数据来指导强化和普及公众设计意识的政策制定,将有助于政策效力的提升,不过采集公众和企业的设计意识成熟度方面的数据并不是一件容易的事,这也是目前这类数据在欧亚各国普遍缺乏的原因。

我国的设计意识培养工作的开展已有 30 多年的历史,以面向制造业的工业设计的推广为核心。广告、视觉传达设计及室内设计由于贴近民生而更为民众所熟知。不过在设计产业发展时间短,源于西方语境的设计在引入我国初期出现认知偏差等因素的影响之下,总体而言,公众对设计价值的认知主要集中在视觉审美层面,而对于设计的商业与经济层面的价值认知非常不足。一个新的动向是,尽管在主流媒体上设计往往成为时尚频道和栏目的主题,但在互联网媒体中,设计更多地出现在创业和技术相关的栏目中,表明年轻的媒体受众对设计与创新具有更高层面的认知。

4. 设计中心、设计协会、设计网络和设计集群

作为重要的辅助机构与载体,设计中心对多渠道推行设计政策、提高政策效力

作用巨大。受宏观经济的影响，创新和创意产业已经成为欧洲国家和地区经济复苏计划的中心内容。政府开始认识到设计对于创新的贡献，另外无论是从就业情况还是从产值来看，设计都已经成为创意产业事实上的主体。英国、丹麦、芬兰的设计中心与政府部门是紧密的合作伙伴关系，在设计进入政府的政策议程中发挥了积极的作用。例如，爱沙尼亚设计中心作为国际经济事务部的紧密合作伙伴，与国家级政府机构合作，在拟订并实施国家设计策略和行动计划中发挥了重要作用。设计中心、设计协会、设计网络和设计集群的核心职能是促进各类机构、产业和政府之间实现对话，在提升专业设计水平和满足产业及政府需求之间进行协调。以英国为例，英国建立了世界上唯一的设计专业标准，是国家规范设计师资源、响应国家设计资源诉求并实施设计资源管理的工具。如果要将设计应用于策略创新（设计能力的第四层级）中，那么相应的设计师必须接受能力培训，达到这一层级的专业标准之后才能承担这一职能。这一职能为实现设计供求平衡发挥了作用。

中国没有职能清晰的设计中心，中国工业设计协会作为中国工业设计领域唯一的国家级行业组织，通过与各地方设计协会的合作，起到了协调设计系统各方力量的功能。从某种层面看，设计中心和设计协会的职能在我国合为一体。设计网络和设计集群的形成与发展也非常活跃，有些是在行业协会的引导下形成的，如中国家电联盟、家具设计同盟，有些则是在专业设计活动中自发形成的，如最近在国内蓬勃发展的创客社区等。设计集群的形态可分为物理空间集聚和互联网集聚两种，各具特点，事实上促进了设计资源的整合与平衡。

5. 专业设计机构

专业设计机构的主体是设计咨询公司和企业内部的设计职能部门，另外还有两种实施设计服务的单元形态，即设计工作室和自由设计师。他们共同构成了国家和地方设计资源的核心。由于设计活动的专业性要求较高，欧亚国家的设计师通常都接受过高等教育，比如丹麦拥有本科学历的设计师占比为80%，在芬兰设计机构就业的设计师中有9%拥有研究生学历。设计师专业经历是一个非常重要的观测内容，反映着设计机构的设计创新能力。体现在设计师的个人履历信息中的一些内容，如专业发展过程中是否有与其他设计师合作的经历、是否有向新的设计领域如服务设计拓展的经历、是否具备基本的创业技能和运作公司的能力、是否有与公共服务机构合作的经历等，都是设计师能力状况的表现，是设计资源构成的重要内容。另外，一些访谈和调查数据显示，不同层面的设计活动所反映出来的设计能力构成是有显著差异的，如产品创新设计和应用于公共机构的服务策略设计的能力构成非常不同。以我国为例，经济发展和国家战略要求设计活动的内容从外观设计向高端综合服务设计转变，这就需要设计活动的主体——专业设计机构在能力、规模等多个方面顺势而上。同时，设计中心和行业协会协同政府部门加强对专业设计机构的统计，这是帮助政策制定者在了解设计资源分布与质量的基础上制定政策的非常重要的依据。而且由于设计产业所具有的广泛渗透性，统计不仅包括本产业情况，还应包括设计对其他领域经济增长的贡献。

6. 设计教育

各个地区的设计教育各不相同，英国的设计教育在中小学阶段已经普及，但其他国家并没有普及到这种程度。从世界范围看，设计是最近这些年才开始作为艺术课程的一个部分，与一些技术课程一样出现在1～9年级的课程体系中。基础教育阶段的设计教育目前普遍存在两个问题，即缺乏合格的教授设计课程的师资，以及缺乏相应的设计教材和辅助材料。另外一个新的趋势是，跨学科的高等设计教育越来越普及。芬兰赫尔辛基的阿尔托大学是由赫尔辛基理工大学、赫尔辛基艺术设计大学和赫尔辛基经济学院三所在各自领域著名的大学合并而成的，是教育界响应当代整合设计创新理念的典型案例。政府与各级机构还推行了越来越多的计划与项目，鼓励学生在学习期间到设计公司实习、修读创业课程、走出国门继续深造。另外，设计教育界对于鼓励设计专业的学生与其他专业的学生展开合作以提高团队合作力和专业实践能力的举措表示非常认同。

我国设计人才培养的主体是公立大学，培养体系主要包括两种导向，即以设计艺术为导向和以设计工程为导向。目前设计人才的培养跟不上国家和地方创意产业发展的需要，适应不了产业结构的调整和变化，其原因有如下几点。一是一些重点领域和行业的创意设计人才尤其是高端人才短缺，熟悉国际创意设计业的专业化、国际化人才更是紧缺。二是设计学科专业的布局、设置存在与创意设计产业发展相脱节的现象，还未建立起与产业发展相匹配的设计学科专业的布局规划，如：

缺乏培养创意设计高级人才的高端学科;相关专业分割设置、分隔建设;专业设置偏重美术艺术知识及制作,轻视应用管理(企业管理、市场营销、物流仓储、人力资本、知识产权保护、投融资等)的教学,缺少与工艺材料、工程技术的融合教学,不能适应创意设计产业对复合型高端人才的需求。三是创意设计人才培养的模式大多数还沿用了脱离市场的传统的课堂教育方式,工学结合、校企合作还未建立起新的长效机制,致使大学生创新素质不高、技术能力不强。四是随着国家经济发展方式转型、产业调整升级,不少省市越来越重视创意设计业的发展,对创意设计人才的需求大规模增长,这对国内设计人才的培养,无论是在数量上还是质量上都提出了更高的要求。

7. 设计研究与知识转化

一些研究指出,设计创新研究是设计产业系统的构成要素中最为薄弱的一环。其原因与设计的一些独特之处,如跨学科性、艺术与科学的交叉等特点密切关联。设计研究跟不上一些已经较成熟的领域如创新领域发展的步伐,以及设计知识的生产不足等因素,都影响了设计实践的进一步发展。虽然人们已经逐步认识到设计在知识转化和问题求解方面的独特价值,但是很少有政府研究基金计划会兼顾到设计,如我国的国家自然科学基金和国家社科基金中都没有设计研究专项规划。在欧美国家,虽然政府工作议程中也还没有出现对国家和地方的设计研究能力进行评估的计划,但是与设计有关的学术和产业之间的知识转化和合作因早有共识而变得极为普遍。例如,爱沙尼亚实施了一项创新券计划,自 2009 年以来,已经有 690 家企业在创新券支持下展开了产学合作项目,创新券计划给予每家企业的资助金额从 4 000 欧元到 16 000 欧元不等。在这 690 家企业中,有 50 家借助这一政策与设计机构展开合作[①]。大学也提供资金推进这一方面的发展,阿尔托大学的"设计工厂"项目鼓励学生通过合作应对商业挑战,并从中积累在商业背景下通过设计解决问题的经验[②]。类似的活动在丹麦和英国也非常多。这类活动使设计专业学生获得了非常重要的与产业合作的经验,同时也将以用户为中心的设计理念带入企业,为企业设计能力的提升带来知识与方法。另外,设计研究还应该

---

① http://spin-project. eu/index. php? cmd=download&subcmd=downloads/SPIN_Toolboxreduced. pdf
② https://www. dropbox. com/s/u5gh0zn2dv0bbr9/ADF_Annual_Report_2012_for_web_opt. pdf.

致力于通过知识转化,融入新的知识,为现实的设计实践活动提供知识内容和服务。

设计学是涉及教育学、文学、工学、管理学和艺术学五个门类的一级学科,虽然归属于艺术学门类,但具有非常鲜明的交叉学科特征。我国的设计研究正处于发展初期,长期以来,由于创意设计活动涉及的内容极为庞杂,对其设计实践及设计理论的研究多集中在具体的二级学科和专业方向上,这些学术研究成果(包括理论、方法和工具等)已经不足以支撑国家与地方产业转型战略与政策的实施。这就需要将设计学提升到一个更加宏观的层次加以理解和看待,艺术学升格为门类,设计学成为一级学科,既是学科发展的需要,也是国家发展战略的要求。

以创意设计理论与方法、技术、工具、系统、平台,以及流程、标准、规范、法规、管理等内容的研究为基础,进行创意设计专门人才的培养与管理以及创意设计相关工具的开发与形成,促进创意设计产业资源运作与管理系统的建设以及面向多行业和跨行业的创意设计支持服务平台的建设,为创意产业及相关产业的发展提供创意设计支撑,是我国当前进行创意设计研究的主要立足点。

基于这一观念,我国当前建构全面的设计创新能力亟待研究的课题如下:进行设计理论与方法研究,包括创意设计的共性理论与方法研究,及交叉/互补的设计理论与方法研究;进行设计的技术基础研究,如法律、工程、电子等;进行设计的人文与社会基础研究,如美学、心理学、社会学、市场学等;进行创意设计对国家及上海文化创意产业规划和重点发展的产业门类的介入与支撑研究,包括媒体业、艺术业、工业设计业、时尚产业、建筑设计业、网络信息业、软件业、咨询服务业、广告会展业、休闲娱乐业等产业门类;进行创意设计对上海新的产业布局中所规划的产业类型的介入与支撑研究,如研究在节能环保、信息技术、生物医药、高端装备、新能源、新材料、新能源车及其他产业(如海洋、城市安全与智慧城市、老龄化等产业)中创意设计业所能具备的价值、支撑路径与贡献度等;进行创意设计业的人才研究,包括人才类型、人才培养、人才管理等;进行创意设计的分布式资源管理研究,完善创意设计资源构成,促进资源的相互进入与融合发展;研究并建立创意设计业相关标准与规范;促进科研、教育、创意设计知识产权与成果的产业化融合。

8. 设计基金

虽然存在各种各样的创新发展基金,但是许多企业并不知道这类基金也能用于设计服务的购买补贴。通常的原因是作为管理者的设计师缺少对创新基金申报和使用流程的了解。英国、丹麦、芬兰、韩国及中国等许多国家都有多种创新基金计划,但由于通常这类基金偏重于面向科技创新项目的支持,以及信息不对称,致使许多有专业设计服务购买需求的企业并不知道可以通过这类基金(如创新券计划)来解决产品创新活动中采购设计服务所面对的财务问题。设计师通常对基金申请不太敏感,他们在与企业合作展开新产品开发和服务创新的活动中,由于不熟悉政策规则和相关协议,往往与许多非常有价值的基金失之交臂。因此面向这类企业展开基金机制的宣传非常重要。

9. 政策、治理与监管

在丹麦、爱沙尼亚、芬兰和英国,设计已成为政府创新政策和企业方针的一部分。爱沙尼亚在2011年底启动了2012—2013年设计行动计划。这一行动计划以欧洲设计系统为基础,对设计产业前景进行了规划,并为公共事业部门和私营部门进行设计投资提供指导。在设计支持计划、设计促进、设计教育、推进专业设计机构的发展、建立与设计中心和协会的合作伙伴关系等要素方面,该规划都有明确涉及。丹麦自1997年开始,就已经制定了长远的设计政策,并在此之后相继推出了2007年至2010年间的"设计丹麦"计划和2011年的"丹麦设计2020展望",这些政策规划目前正在逐步细化为更具体的政策行动。根据规划,到2020年,丹麦将以其设计社会而闻名于世,在所有的层面通过对设计的运用实现提升人民的生活质量、为商业创造经济价值及使公共服务更有效率的目标"。芬兰制定的"需求和用户驱动的创新政策"也将设计作为其政策的重要内容。在此之前的2000年至2005年间,芬兰实施的设计政策"设计2005!"为将芬兰的设计能力推向更高层级奠定了坚实的基础。而且自2008年开始,设计已经纳入芬兰国家创新政策之中。英国2011年制定的"面向增长的创新与研究策略"规划也明确提出,设计通过引领和支持产品及流程创新推动企业的变革,设计是创新流程、科学技术商业化和公共服务变革的力量。

5.4 世界各国发展设计产业的趋势

5.4.1 设计系统成为国家和城市构建设计创新能力的基础保证

前文洛夫等人所提出的国家设计系统概念在于呈现设计产业创新发展中的各类相关主体及活动,通过对创新主体及其相互作用的系统性研究,为设计产业创新发展中由于系统失灵所引发的诸多问题的解决提供依据。在设计系统中,设计活动的相关主体包括在设计活动中积累知识与能力的组织,如设计服务企业、市场中介服务组织、行业协会等;对设计产业发挥政策性引导作用,提供资金资助的相关主体,如政府公共部门、非营利组织等。国家设计系统的相关主体既涵盖了政府公共部门、非营利组织,也涵盖了市场中介服务、设计企业等私人部门。惠彻等人提出的由9个要素构成的欧洲设计系统模型,完整地描述了设计系统的主体与关系。这一模型已经成为欧洲制定设计政策的工作框架,也被其他国家和地区所借鉴。

英国、美国、芬兰、丹麦、韩国等都已经通过长期建设形成了较完整的国家设计系统,以及在此基础之上的城市设计子系统,用于支持地方的正常设计活动和设计能力可持续发展的规划。同时,设计系统也是各级政府机构制定政策、推进设计资源建设和能力提升的着力点,直接决定了国家与城市的设计实力和发展潜力。中国目前也正着力完善国家设计系统,我国三大"设计之都"的城市设计系统也在完善中,如上海市文化创意产业推进领导小组及办公室指导之下的上海设计体系,为上海近几年来设计创新能力的提升发挥了重要作用。

5.4.2 设计驱动的创新正在成为许多国家和都市创新体系的一部分

设计是一个问题求解的途径,能够通过发现与整合用户需求来驱动公共、私人机构及社会产品、服务和流程的创新。研究显示,设计不仅能从微观层面提升公司价值,也能驱动宏观层面的创新。在过去几年中,越来越多的国家和都市开始将设计纳入创新政策的覆盖范围中,把设计作为获得竞争优势的资源。

设计与创新之间的联系一直存在,设计是创新工具组合的一个部分。设计与创新都能为产品、服务和系统带来竞争优势。不同之处在于,创新活动通常无法保证一定会带来创新结果,但设计过程所形成的结果(产品、服务和流程)通常能实现其满足用户需求的目标。

另外,与过去不同,创新不再仅仅局限于单纯的技术开发,还越来越多地涉及服务、用户体验和社会创新,这需要设计在创新中担当重要的角色。设计是架在用户体验和社会创新之间的桥梁,因为设计的核心是以用户为中心的创新过程。

创新政策已经成为政府推动企业发展的基本手段。霍布迪等人认为创新政策是指引发和推动企业开发全新产品、服务和流程的政策①。实际上,设计早已成为创新经济时代的国家创新战略与政策的要素,从欧洲的丹麦、芬兰及瑞典到亚洲的日本、韩国、中国,都已将设计作为国家战略和政策的重要组成部分,并在促进设计应用、设计研究、设计专业化方面进行了大量投资,其目的在于将设计纳入国家及地方的创新体系中。

在都市创新体系规划方面,赫尔辛基、柏林、斯德哥尔摩、米兰等已经开始在创新政策方面纳入设计要素。

5.4.3 设计从工业产品创新向高端服务业拓展

2003 年丹麦设计中心(Danish Design Centre)提出了评价企业设计能力发展成熟度的设计阶梯框架(Design Ladder)②。在这一框架中,设计成熟度分为四个阶段(见图 5.2)。

---

① Hobday M, Boddington A, Grantham A. Policies for design and policies for innovation: contrasting perspectives and remaining challenges[J]. Technovation, 2012(32): 272-281.

② SEE PLATFORM: "Design Ladder". http://www.seeplatform.eu/casestudies/Design%20Ladder.

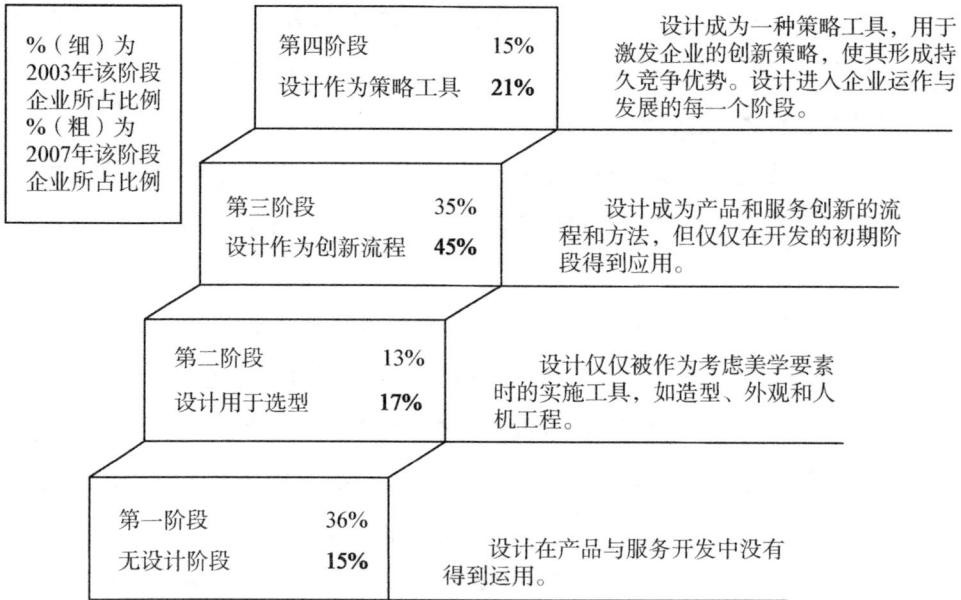

| %（细）为 2003年该阶段企业所占比例 %（粗）为 2007年该阶段企业所占比例 | 第四阶段　　　15% 设计作为策略工具　**21%** | 设计成为一种策略工具，用于激发企业的创新策略，使其形成持久竞争优势。设计进入企业运作与发展的每一个阶段。 |

第三阶段　　　35%
设计作为创新流程　**45%**

设计成为产品和服务创新的流程和方法，但仅仅在开发的初期阶段得到应用。

第二阶段　　　13%
设计用于选型　**17%**

设计仅仅被作为考虑美学要素时的实施工具，如造型、外观和人机工程。

第一阶段　　　36%
无设计阶段　**15%**

设计在产品与服务开发中没有得到运用。

图 5.2　Design Ladder 设计阶梯

（资料来源：2003 年及 2007 年丹麦的设计在四个层次的分布与变化①）

2003 年至 2007 年间，把设计作为创新流程和企业创新策略的丹麦企业占比较大，而不使用设计的企业占比大幅降低，大多数企业已经进入 OBM/OSM 阶段，ODM 企业数量变化不大，OEM 企业数量降幅明显。这显示出企业对设计价值的深入理解和高度重视，企业借助设计的转型升级效果明显。作为优质设计资源的聚集地，哥本哈根成为丹麦企业实现设计创新升级转型的主要承担者和实施平台。英国设计委员会在 *Restarting Britain 2：design and public services* 报告中明确提出将设计应用于公共服务设计的规划与工作线路②。

丹麦设计中心的"设计推动"计划和"360 设计"计划是两个帮助企业和公共事业机构提升设计能力的推动计划。其中，"设计推动"计划专门面向缺乏设计意识、没有设计能力的企业，通过工作坊和案例学习的方式帮助企业了解设计及其对于企业可持续发展的价值；"360 设计"计划则是帮助企业将设计能力从工业设计向

① Design Commission. Restarting Britain 2：Design and Public Services [R]. UK. Design Council, 2013.
② Evaluating Design. Understanding the Return on Investment in Companies, National Industry, Programmes & Policies, Economy & Society.

服务系统设计升级而定制的培训,能够让企业接触各种类型的设计师、不同层次的设计案例,为企业提升设计创新能力提供资源、规划方面的支持。

我国总体设计意识与资源结构尚处于从第一阶段向第二阶段的过渡中。深圳、上海及北京的设计发展呈现出从第二阶段向第三阶段升级的趋势,个别设计创新型的企业如海尔、联想、上汽等已经开始将设计作为一种策略工具,用于开发企业的创新战略。相对而言,许多在北京与上海建立创新中心的国际性企业的设计资源与能力水平普遍稍高。

5.4.4　国家与城市设计品牌建设进入政策议程

近年来,除了制订设计发展 5 年计划外,许多国家已经开始着手制订设计发展长远计划,为国家、地区与"设计之都"的设计创新能力建设绘制蓝图,如英国的"设计 2020"、澳大利亚的"昆士兰设计战略 2020"等。以丹麦的"丹麦设计 2020"规划为例,在对设计价值定位、设计能力目标、设计知识管理绘制蓝图之外,还特别提出"丹麦设计"品牌的建设目标与实施线路图,以及以哥本哈根为核心的设计型社会建设的总体规划。英国的"设计 2020"计划围绕作为英国六大国际竞争优势之一的创意产业,面向未来的机会与挑战,从设计能力建设的角度,以大伦敦区为中心,对设计商业、设计人力资源及设计政策进行规划和展望,以发展在国际竞争环境下英国设计品牌的持久优势,为"英国设计"品牌的建立规划线路图[①]。除此之外,美国的"加州设计"在苹果公司产品与品牌的传播中,已经成为一个具有国际影响力的区域性设计品牌。根据国际工业设计协会(ICSID)的调查,许多具有国际影响力的"设计之都"也开始明确提出建设城市设计品牌的计划,有些以国家的名义逐渐建设与推进,如瑞典、芬兰,也有以城市的名义进行命名,如米兰、上海等。上海以老品牌复兴为手段,集合政府、社会生态和中介组织三个维度的资源,引入设计资源推动老品牌产品的创新发展。这是上海作为"设计之都"建立城市设计品牌的重要战略之一。

---

① Rachel Cooper, Martyn Evans & Alex Williams: "Design 2020: design, Industry, Future". 2008. http://www.ukdesign2020.org.

5.4.5 UCD 理论与方法系统成为设计实现多层次创新的重要途径

以用户为中心的设计(User-Centered Design，UCD)，是 21 世纪初开始获得广泛认同的一种新的设计创新途径，并由于 IDEO、Frog 和 Cotinuum 等著名设计公司的成功而在产品创新领域得到普及与应用。这种途径认为，产品开发应该从用户需要着手，通过询问用户与产品有关的需要，以及对用户使用现有产品的情景和消费行为进行观察，从中获得一些独到的见解来指导产品创新。目前，UCD 理论与方法已经呈现出向服务设计领域扩散的趋势，如在银行、医疗系统创新中的运用，是设计活动向更高层面发展的重要表现。

欧洲委员会在认识到设计将成为至关重要的创新政策的构成要素[1]和 UCD 的重要意义之后，委托 SEE 平台作为欧洲设计创新倡议(EDII)活动的实施机构，展开为欧盟成员在政府政策和企业策略方面嵌入以用户为中心的创新设计思想的知识服务工作，向公众与管理层传播在产品、服务、社会和公共机构创新中融入设计的潜在价值。英国设计委员会在 *Restarting Britain 2：design and public services* 中提出面向公共服务的设计要从用户体验开始，通过用户研究提升服务品质。在芝加哥，UCD 已经被用于市政管理创新、教育创新和慈善公益活动规划中。在上海，中国工商银行开始利用 UCD 开发银行储蓄产品，上海地铁系统也将 UCD 用于改善逃生、支持子系统的设计中。

5.5 对加强中国设计创新能力建设的建议

5.5.1 加强"设计之都"设计系统建设

建设"设计之都"的意义在于，通过对城市设计系统建设的探索与完善，带动区

---

[1] SEE Platform："Policy，Innovation and Design"．http://www. seeplatform. eu/images/file/SEE％20Platform％20Policy％20Innovation％20Design％2005_07_13. pdf

域设计创新能力的提升,实现我国建设创新型社会的转型战略。"设计之都"的建设承担着国家设计创新体系建设的责任,需要透过国家视角来规划与实施;同时,设计创新体系的建设需要国家资源的支持。

郭雯、张宏云在对比芬兰、丹麦、韩国和中国的设计系统之后,提出我国设计系统的两个主要问题:我国的国家设计系统在推动设计产业发展的过程中存在国家层面的主体缺失,以及社会中介服务机构的能力缺陷的问题;在促进设计产业发展的各项活动中存在设计产业的教育体系不能满足设计产业对人才的需求,设计支持对设计服务企业的资助相对缺乏等政策缺陷[①]。这些不足在我国三大"设计之都"中也各有具体表现,成为健全设计系统、完善"设计之都"创新能力必须解决的问题。

5.5.2 加强设计创新研究与知识转化

原发性"设计之都"的设计创新能力建设与产业发展始终保持着与关联产业的密切互动,因此在当代设计从面向制造的设计转向面向市场的设计和以人为中心的设计的发展过程中完成了从理论到实践的自然过渡与转型,各阶段在设计创新理论、方法及工具上具有明显不同。我国的设计活动直至改革开放才开始接触市场,同时又由于技术发展滞后,导致设计创新无法实现其为产品增值的功能,无法推动创新向更高层次发展。

具体的建议包括:立足国际视野、国家需求,推进设计领域的博士学位研究,加速设计知识的生产与整合;实施建立在先进设计理念基础上的产学研合作,加速以用户为中心的设计理念在设计产业中的渗透与深入;建设面向设计研究与教育的质量评价系统,促进设计研究机构提升品质;推进设计创新领域的跨学科协同研究,加强设计学学术高地的建设,加快认知科学、心理学等人文社会科学与设计研究的融合,推进设计与工程技术的深度融合。

---

① 郭雯、张宏云.国家设计系统的对比研究及启示[J].科研管理,2012(10):51-63.

5.5.3 加强设计教育与整合性设计创新人才培养

2010 年中国工程院"创新人才"项目组的研究报告中首次提出了未来 10 年对产品设计创新人才的迫切需要,这成为在基础教育阶段加强创意设计教育、将设计创新理念融入基础教育的理由。必须从培养创新型人才的目标出发,加大对中小学生进行科学、艺术、工程、设计理念与文化的熏陶,加强对中小学生创新理念、创新方法与创新文化的教育[①]。高等教育层面的设计学科的建设应根据"促进工业设计从外观设计向高端综合设计服务转变"的要求,更好地培养交叉学科的创意设计人才。

具体的建议包括:在中小学开设设计相关课程,建立设计创新与科学、技术、工程及数学之间的知识关联;提高中小学教师承担设计课程教学的能力,切实加强学校对设计创新重要性的认识;在高中教育阶段延伸设计教育课程,并嵌入创业能力训练内容;支持经管和商学院学生修读设计管理课程;鼓励设计专业学生与其他专业学生之间的项目合作;为设计专业学生提供企业和设计咨询机构的实习机会,并以课程的形式进行管理;鼓励设计专业学生海外游学;培养学生终身学习、持久发展专业能力的意识。

5.5.4 加强设计之都的多样性、包容性文化建设和设计创新生态建设

1. 进行设计之都的多样性和包容性创意文化建设

具体的建议包括:以社会文化活动、经济活动等多种形式加强与不同地区和国家的不同文化形态的交流与互动,通过跨文化合作,从文化差异中发现设计创新的机会;通过丰富的人才政策吸纳多层次的创意设计人才、工程技术人才和创新管理人才;建设适合创意阶层生活方式的社会文化设施与环境,鼓励创意设计思想的交流与互动。

---

① 中国工程院"创新人才"项目组. 走向创新:创新型工程科技人才培养研究[J],高等工程教育研究,2010(1):7-25.

2. 进行设计创新生态系统建设

在进行设计创新能力建构的同时,建设与培育设计消费市场,使得创意产出与消费、分解得以持续均衡发展,这将有助于一个可持续的设计创新环境的形成。具体的建议包括:大力促进设计意识的普及,实施有针对性的促进活动,提高公众的设计认知和对创意设计价值的认同;培育创意产品消费市场;鼓励民众参与设计创意活动;开展设计品收藏推进工作;建设完善知识产权保护体系。

5.5.5 加强设计创新文化资源要素建设

1. 加强设计之都的设计中心、设计协会、设计网络和设计集群建设

支持设计师加入商业协会、设计网络和设计集群;分析设计机构和小型公司的需求,确保设计中心、行业协会、设计网络和集群的活动能够对应他们的需求;鼓励设计协会和设计网络采集会员的年度数据;鼓励设计师将专业实践向一些新的领域如服务设计转移;鼓励设计师不断提升专业能力,提升服务大型客户、承接大型项目的能力。

2. 加强设计环境资源建设

加强有利于提升设计创新意识、开展设计创新知识推送服务的设计环境资源建设,如现代设计博物馆、艺术与科学展示馆、新材料新技术展示馆等资源型展馆的建设;鼓励相关机构加强新型设计工具的开发;召开设计创新领域各种主题的论坛、研讨会和工作坊,促进设计知识交流,促进设计、商业、科技、人文与社会的互动与合作;开展设计创新网络社区建设,通过线上、线下互动,鼓励设计资源的流动与分布式合作。

5.5.6 加强设计创新与科学技术的紧密融合

以互联网、物联网和桌面制造为代表的数字技术的发展,不仅推动了设计创新活动的对象由物质向非物质发展,同时也带来了设计过程、运作方式和创新活动者构成的变化。如以伦敦、柏林、纽约为代表的北美和欧洲许多国家基于开源活动的

开放式共同创造的发展日趋蓬勃,一些国家和地区的设计创新领域甚至提出了在此基础之上的新工业化理念,即利用开源软件、硬件、设计和桌面制造系统,将制造从生产型企业带入社区甚至是用户桌面,激发和释放数以百万计的创想者们(创客、极客、魅客)所积聚而成的创意阶层的集体智慧与潜能,驱动区域的制造业复苏。这一新的创造性活动将与现有的商业模型和社会文化模型形成强烈互动,带来未来都市生活形态的改变。加强设计创新活动在知识、方法、工具、形式方面与新兴技术的融合,是使我国在当前国际竞争中获得优势的当务之急。

具体的建议包括:加快设计计算(信息技术与工业设计的融合)思想、方法与工具在设计创新中的应用推广,如参数化设计、生成式设计、人工智能设计等在设计创新活动中的应用;展开对引发社会生活方式巨大变化的技术变革与设计的整合,如基于大数据的设计创新、基于物联网和环境智能技术的设计创新等,加强战略性新兴产业中设计创新与技术创新的协同与合作。

5.5.7 加强设计产业引导和城市设计品牌建设

1. "设计之都"建设应服务于国家创意设计产业的总体布局

在相当长的一段时间内,我国的大部分地区还要从事"中低端"加工制造,只有这样,才能将真正有条件的地区的创意潜力解放出来,进行产业升级。发展创意产业,一是要考虑区位优势、资源优势、产业基础和环境优势,特别是人才的准备和积累;二是要根据地区或城市的实际发展需要,围绕建设创新型城市的要求来规划创意产业的发展蓝图,并使之与提升城市形象、增加吸引力和凝聚力,以及建设和谐社会结合起来。

2. "设计之都"应确立创意设计产业的切入点和重点发展领域,集合资源加强城市和园区的设计品牌建设

创意产业要有独特的产业定位,需要具备差异化发展的思维理念,通过比较优势的原则选择创意设计产业的切入点。如有的地区适合发展以内容为中心的设计产业,有的地区适合发展以信息与通信技术(ICT)为基础的设计产业。

第 6 章

设计产业与设计政策

——基于英国与中国的设计产业政策的比较

6.1　导语

设计政策一直是近年来的一个热门讨论话题。毋庸置疑,设计政策与国家产业战略密切关联。如 1988 年,韩国出台了以设计为中心的国家政策,催生了 Samsung 和 LG 的崛起,促进了国民经济的发展;2007 年,丹麦将自己定位为国际市场的"创意之国",并得到了政府的大力支持。不过,这些案例所反映出的成功并不意味着这些政策同样能在其他国家取得成效。设计政策及执行很大程度上受到设计产业自身及国家所处的经济环境的影响。考虑到不同的设计产业和经济环境的显著差别,制定设计政策时不考虑这些变量是不可能的。因此,基本问题是这些变量是如何影响设计政策的,设计政策又如何能改变设计产业自身的内在动力。为了有助于理解,本研究选择了将以知识经济为主的英国和以工业经济为主的中国这两个国家的设计产业进行对比。

英国是在制造业下滑、高层次的专业人员数量增多的情况下,从工业经济向知识经济转移的。许多评述认为这一转型显示了设计创新和价值增值的重要性。在这方面,中国作为"世界工厂",正在经历从中国制造到中国设计的转型,并且已经在高投资、高层次培训和低成本的基础上,在提升本土设计能力方面投入了巨大的资源与努力。中国商界越来越意识到设计对于产品和服务所具有的价值,正致力于向价值链高端转移以获得更大的价值空间。

尽管英国与中国在很多方面有着显著不同,但设计在两个国家的国家经济战略中都扮演着重要角色,并且对于设计是否能够胜任挑战同样存在着不确定性。基于此,本研究调查了英国和中国的设计产业和设计政策,以此来发现设计政策与产业环境之间的关系。

6.2　英国设计产业

在过去 30 年中,英国的设计产业经历了显著变化。就像 IDEO 首席执行官蒂姆·布朗(Tim Brown)所言,在 19 世纪 80 年代的"设计师的 10 年"中[①],当制造业占 GDP 很大的比例时,"设计所关乎的就是利用新技术创造使人满意和认同"[②]。10 年之后,伴随着总体经济中工业产能的下降,"把设计看作学科交叉的、合作型的活动的概念彻底使人们理解了一切围绕着设计师这样一种理念"[③]。从一个更大的范围来看,这意味着设计光环的到来。当对设计的需求偏离了设计的核心活动内容,设计服务就变得不那么能彰显其真正的价值。正如蒂姆·布朗所描述的那样,设计思考———一种以人为中心的问题求解途径,开始逐渐出现。基于这样一种假设,即创意思维天生地存在于设计之中,能够为商业带来增值,那么设计实际上已经从传统的学科领域扩展到了一个更为宽泛的新领域,例如服务设计、创新、研究、技术、市场营销、品牌和策略等。这样一来,设计被作为一种有价值的解决商业问题的工具而加以推广———这种认知扩散得如此之快以至于一些设计学院不再教授设计,取而代之的是,他们教授的内容变成了设计思考。

---

① Bruce M. Challenges and trends facing the UK design profession [J]. Technology Analysis & Strategic Management, 1996(4): 407.
② Brown T. The Challenges of Design Thinking [R]. InterSections 2007 conference, Newcastle, UK (London: Design Council, 2007.
③ Ibid.

与对设计思考的争论相伴随的是过去 10 年以来,英国公共事业机构的戏剧性增长。许多人开始相信设计的机会将来自过去从未涉足过的领域,如保健和可持续方面。不过,单靠出台一些采购政策鼓励公共事业机构采购设计服务是远远不够的,还需要建设一些基础设施来支持系统和流程的分布,以及与系统服务的受众接触的节点,这就需要新的知识、新知识网络的参与和新类型客户的涉入。正是基于这些问题,伍德华森提出了"设计到底能走多远"的问题①。

在设计宣称其具有更为广阔的应用领域的同时,设计同时也面临着专业边界模糊,逐渐失去其专业性的危险。"设计 2020"项目(由艺术与人文研究委员会资助)的发现证明了这一点,在设计领域工作的人们所共有的最大焦虑就是清晰的产业识别的丧失②。尽管设计思考有助于推动传统设计到设计的上层,但并没有信息表明英国的设计已经从设计思考中获益。与过去几十年相比,英国设计产业已经发生了明显变化,现在已经成为英国产业的一极,并伴随着产业边界模糊、设计的商品化及专业人士的缺失等问题。

6.3　中国的设计产业

与英国相比,中国的设计产业还很年轻——90％的设计顾问公司是在 1995 年之后成立的。不过,与中国的其他领域一样,设计产业的发展速度非常引人注目。

中国设计能力的急速提升来自1990 年以来出口型经济的驱动。从那时开始,OEM 企业为满足客户需要,开始寻求设计服务。这些客户处于分销供应链中,拥有极为广泛的产品门类,为实现快速周转而注重产品包装。相应地,这个阶段的设计实践主要局限在以产品造型与形式创造为目标。一方面,这种需求所具有的特性导致这一阶段中国的设计显得缺乏研究、规划和创新;另一方面,产品草图和渲

① Woudhuysen J. Mission creep: the limits of design[C]// InterSections 2007 conference, Newcastle, UK (London: Design Council), 2007.
② Williams A. 2020 Vision-The UK design industry 10 years on: implications for design businesses of the future[J]. biogeosciences discussions, 2009,9(11): 15541-15565.

染技能发展到高度复杂和高效益的地步。随之而来的是开源的行为模式的出现，特别是在与知识产权相关的法律缺失的情况下。同时，中国的设计产业发展出一种独特性，如协同定位，提供从设计渲染到工程设计和快速产品开发的一站式服务等。

设计需求的快速增长使得中国的设计商业得以扩展。同时，其他相关联的领域则被远远抛在后面，并且它们之间产生了越来越大的鸿沟。设计基础建设的缺乏就是一个证明。

另外，市场对设计师的需求呈爆炸性增长，导致了设计师的短缺，特别是在中国设计教育历史短暂的前提下。在 20 世纪 80 年代，中国的设计学院不超过 40 所，但现在已经达到 400 多所，每年输出数以千计的学生。工业设计成为数百个国家高等教育委员会注册专业中的前 10 位。实际上，设计专业的学生已经成为设计产业的关键劳动力，尽管他们还处于攻读学位期。

6.4　一个设计政策模型的发展

很明显，英国和中国在产业动力方面差别显著，使得各个国家在设计政策运用方式上各不相同。不过，从更大的范围看，这些差异是植根于各自的经济之上的。每个国家设计产业的演化是对各自政府的经济转型的反映。更直接来讲，经济结构决定了设计需求的特点与内容，而这进一步支配了所需要的设计服务（特点与内容）。

在英国，制造业的地位越来越低，产品设计及相关设计服务（如产品原型与工程设计）由于客户的大量减少而受到显著的挑战。同时，英国经济中公共事业机构经济比例的增长已经为设计创造了新的机会（如服务设计和策略设计）。设计思考自然而然地成了设计领域中新的增长点，帮助设计来应对经济转型对设计的需求。不过自联合政府执政以来，经济发展日益呈现出远离资助公共事业机构的情况。

这一结论同样可以从对中国的设计产业的研究中归纳出。投资驱动的经济已经为中国创造了显著的设计需求，同时也塑造了中国设计产业的发展模式。如果希望上移到全球价值链的上游，中国则必须通过远离低成本和劳动力密集型来建立新的经济能力。创新被看作是实现这一转型的关键，许多人认为这为设计提供了发挥价值的机会。不过，除非对设计的认知从过去的以造型为目的转向将创意转化为创新，否则这种上移是难以发生的。并且，除非设计产业的基础建设能够跟上其发展需要，否则这种上移也是非常困难的。

图 6.1 通过呈现政策制定过程中各个相关者的角色，可以进一步探索两个国家对于设计政策的应用。每一个箭头所链接的一对相关者都代表了一个潜在的设计政策制定时所需关注的区域。

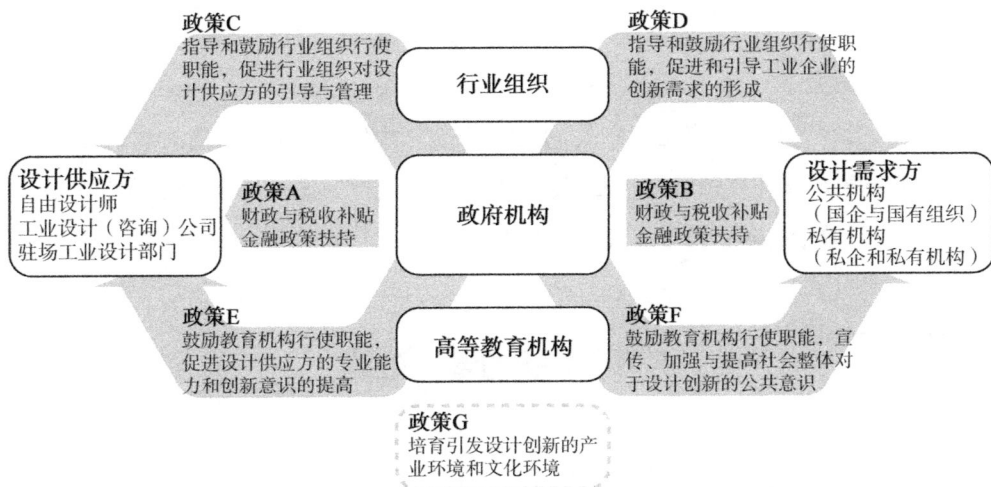

政策C
指导和鼓励行业组织行使职能，促进行业组织对设计供应方的引导与管理

政策D
指导和鼓励行业组织行使职能，促进和引导工业企业的创新需求的形成

行业组织

设计供应方
自由设计师
工业设计（咨询）公司
驻场工业设计部门

政策A
财政与税收补贴
金融政策扶持

政府机构

政策B
财政与税收补贴
金融政策扶持

设计需求方
公共机构
（国企与国有组织）
私有机构
（私企和私有机构）

政策E
鼓励教育机构行使职能，促进设计供应方的专业能力和创新意识的提高

高等教育机构

政策F
鼓励教育机构行使职能，宣传、加强与提高社会整体对于设计创新的公共意识

政策G
培育引发设计创新的产业环境和文化环境

图 6.1　设计政策模型

这些政策相关者包括政府机构、行业组织、高等教育机构等，当然，还包括设计供应方（所有形式的设计供应方，从自由设计师到设计咨询公司及驻场设计团队）和设计需求方（各种使用设计的组织、私营事业和公共事业机构）。政治经济学家认为，经济力量的特点在于供需系统的平衡。基于此，政府有能力通过政策的调用进行这一平衡的调停。并且，分析这一平衡是如何受到各相关方影响的对于设计政策制定具有很高价值。

基于这一前提，可以识别出两类政策干预：

第一类是通过经济结构的干预直接控制设计供给与需求之间的平衡,即可以通过诸如投资、补贴和税收优惠等政策进行干预(政策 A 和政策 B)。设计产业中设计供给由设计需求所决定,通过进一步地推理可以看出更有效的设计政策应该着力在设计需求方之上。因此,通过经济投资来提升设计使用可能比起补贴设计领域更有效。

第二类是发展设计基础建设,控制设计需求与供给之间的平衡。政府可以通过行业组织和高等教育机构发挥间接作用,并通过制定相应的亚政策(政策 C - F)来实现产业平衡的目的。这类政策对于发展设计基础建设是根本性的。比如,行业联盟可以领导产业发展、开发评价体系、规范设计领域(政策 C),同时,还能根据设计需求促进设计能力的提升(政策 D)。通过相应的设计政策推动学术机构普及设计知识与技能(政策 E),也可以用于培育公众意识,提升社会整体对于设计的理解和评价(政策 F)。

这两类政策并不一定同等有效,不过,直接作用于这一供需平衡的政策(第一类)要比起到间接作用的政策(第二类)来得更有效。根据这一前提,下文将针对中英两国设计政策的具体情况展开进一步讨论。

6.5　英国的设计政策

英国劳工部已经出台了很多政策推动设计产业的发展。比如委托发布的考克斯报告提出,创意加强了设计与商业之间的联系;与英国创意与文化技能组织一起提高设计技术与能力;为英国贸易和投资组织制订工作计划,探索将英国设计咨询服务输出到中国和印度等新兴市场的机会;等等。这些政策间接地影响了设计供需之间的平衡,因而应该归属到第二类的设计政策中。基于设计产业在设计供需体系中所处的被动角色,这些政策的效用还仅仅局限在带动一些隐含的设计需求增长。其结果是,英国政府制定的在创新与设计方面的政策所引发的大量问题广受质疑。《金融时报》(*Financial Times*)的建筑评论家希思科特·埃德温认为,尽管英国所有党派的政治家们嘴上都在说设计和创意产业策略的重要性,"但他们已被证明非常无知和对于支持这些政策的细节和负面(阴暗面)毫无兴趣"①。很明显,想要提升设计产业,通过第一类政策来刺激经济,打开国内和国际市场,对于英国设计而言已经成为一种需要。

新政府的执政纲要在经济计划方面的转变,意味着公共事业方面的资助将在未来的若干年中越来越弱。一方面,有人已经开始对未来英国的区域设计网络表示出关心②。另一方面,许多人相信詹姆斯·戴森(James Dyson)为保守党提交的报告"已经将未来政府的政策思考焦点牢牢地投射在设计的重要角色上"③。在这份报告中,戴森认为,对于英国为经济和政府行动决策设定新的视野,将科学和工程置于思考的中心位置来说,这是一个机会。他的观点得到了来自工业制造和工程领域的广泛支持,有一份报告提议,支持应该聚焦在"小规模的、多数是私营的部门,鼓励高增长的创新商业的政策上",而不是把重点放在商业链接上,因为这只能提供一些很一般化的支持。另一份报告建议将重点置于加大快速增长型公司获得金融支持的机会上,在创新领域持续投资。如果新政府能够采纳这些提案和建议来制定第一类政策,则随着英国私营机构的增长,对于设计需求的增加会进一步促进设计产业的发展。

6.6 中国的设计政策

目前,在支持工业设计发展上,中国政府的工作主要集中在硬件和工艺技术方面。

但对大多数设计师而言,更重要的是软件建设,即知识和技能的发展以及一个由政府规范的健康的商业环境。立法是首要之举,然后是设计教育,然而受限于僵化的教育体系,教育机构自身很少有权制订培养计划。虽然中国的高等教育院校希望在人才培养中响应产业需求,但这就意味着培养计划将脱离教育部的标准。

---

① Heathcote E. It's time we took design seriously [J]. Financial Times, 2010(30): 15.
② Montgomery A. Link up or sink [J]. Design Week, 2010(1): 9.
③ Snoad L. Sowing the party line [J]. Design Week, 2010(11): 9.

不过,中国政府开始出现一些不干涉主义的政策,不树立标杆,允许市场力量来形成与构建设计服务。一些致力于发展设计基础建设的第二类政策也已经进入实施日程。尽管如此,鉴于寄希望于通过设计帮助中国经济结构进行转型这一期许,研究者认为,第二类政策亟须进行研究与完善,以顺应设计产业的发展。在这些政策制定中,应优先规范在设计教育培养计划中的产业参与,建立领导地位,确立设计在创新中的优先角色,为中国的设计产业发展制定规范与立法系统。

6.7　结论

文章分析了英国和中国的设计产业和设计政策,提出设计产业受设计需求的驱动,而设计需求由国家的经济条件所决定这一观点。基于这一关系,提出了设计政策模型,为潜在的设计政策规划与制定提供了框架。根据其干预设计供需平衡的方式(直接的和间接的)的不同,相关设计政策可以分为两类。研究者认为,直接干预设计供需平衡的政策对于设计产业更具有效力。

第 7 章

国家设计政策及其体系

——以英国为例

7.1 设计政策发展和主要组织

在英国,许多公共部门机构参与设计政策的制定和实施。工业设计理事会(COID,1972 年改编为设计协会)自 1944 年成立以来,一直被认为是专注于设计振兴的最著名机构。与设计相关的重要管理部门包括 DBIS(商业、创新与技术部)、DCMS(文化、传媒与体育部)。其他机构包括 UKTI(英国贸易与投资总署)、NESTA(全国科学技术和艺术基金会)、Innovate UK(英国创新)、AHRC(艺术与人文研究理事会)和 HEFCE(英格兰高等教育基金委员会)。同样还包括贸易协会、专业机构,如 DBA(设计商业协会)、D&AD(全球创意广告与设计奖协会),以及特级设计师协会,它们在英国的设计振兴中也发挥了关键作用。

本节将对在英国设计政策制定和实施过程中具有重要作用的关键组织进行综述,但这不是单纯地将出现在英国设计政策概貌上的组织逐一罗列。为了解相关组织与设计有关的任务、战略、政策和行动,本节将从组织机构官网和有关文件(包括出版物、报告和学术文献)中获取相关信息。

7.1.1　设计理事会

回顾设计理事会的演变,在过去 70 多年中,设计理事会在贯彻执行英国政府政治理念的工作中发挥了重要的作用。伍德姆表示,从历史、国家和国际方面看,设计理事会是迄今为止一直关注工业设计的最重要的国家组织。[①] 本节有关设计理事会的信息大多数来自设计理事会网站和其他文献,如建筑设计维基百科。[②]

设计理事会的前身叫理事会,由温斯顿·丘吉尔的战时政府成立于 1944 年。它有一个明确的宗旨,支持英国经济复苏,"采取所有可行的措施来改善英国工业产品设计"。20 世纪 50 年代,理事会致力于设计推广,通过展览和产品代言的方式将优秀设计展示给零售商和消费者。它成为世界各地广泛模仿的典范。20 世纪 60 年代,理事会的工作开始向重点行业和教育转变,更多注重技术和工程设计。近十年,理事会成功的举措之一是制订了设计指标,为企业商家和普通群众展示了优秀设计产品,并开始将英国商品推向国际市场。1972 年,理事会更名为设计理事会,以反映其致力于促进加强工业设计、技术和工程之间的联系。随后,它开始向工业、商业和零售提供直接服务,并创立了多个设计中的重要奖项。[③]

到 20 世纪 80 年代,英国民众逐步具备某些设计素养,消费者和商家逐渐欣赏和喜爱优秀设计。20 世纪 80 年代被认为是设计的"黄金十年",明星设计师登上其职业高峰,购物消费拉动设计投资,设计产业日益凸显。1988 年之后,设计理事会的重点从公共事务转换到商业和教育。然而,至 20 世纪 90 年代初,设计理事会仍被认为与设计界脱节。约翰·索瑞尔(John Sorrell)在 1993 年至 1994 年间提议创建专注知识传播和行动启发的小型组织。随之创建了一些新的组织,其中包括商业设计周刊、教育设计周刊等。

---

① Woodham J M. Redesigning a chapter in the history of British design: the Design Council Archive at the university of Brighton [J]. Journal of Design History, 1995(3): 225—229.

② Designing Buildings Wiki. http://www.designingbuildings.co.uk/wiki/Design_Council. 2014.

③ Design Council. "Celebrating 70 years". http://www.designcouncil.org.uk/about-us/celebrating-70-years. 2015.

2005 年,乔治·考克斯爵士就设计、创新和创造力对英国经济的贡献进行研究,发表了对企业创新具有影响力的考克斯报告。[①] 这份报告随后被视为英国设计策略的基础文件。在报告中,他向中央和地区政府、企业、广播公司和教育机构提出了一系列建议。这些建议包括提升创造力的意识和形象,制定有针对性的支持和激励机制,进行高等教育的能力建设,利用政府购买力来鼓励创新。根据这份报告,一些在其建议中的项目和方案被启动,包括为支持中小企业的使用于 2006 年推出"按需设计";艺术和人文研究理事会,工程和物理科学研究理事会投资 650 万英镑创建"21 世纪设计计划",作为支持 2005 年至 2009 年间的设计研究媒介;设计协会的蓝图注重技能发展;英国贸易投资总署的战略是在全球推广设计顾问,以及推出"2004 年至 2014 年科学与创新投资框架"。审议结果表示,理事会首创以设计为主导的解决社会和经济问题的设计思想,如设计时间项目(Dott)、发展 RED(内部研究与发展的跨领域小组)、举办设计挑战公开赛。

2011 年 4 月,由于受 2007 年信贷危机的"紧缩"措施影响,设计协会被重设为非营利机构,并与建筑委员会和建筑环境(CABE)合并。由于其与政府的历史联系,它仍然在英国的设计政治议程上具有一定影响。但是,它已成为独立的慈善机构,机构的大部分资金来自咨询服务收费。由于该组织的性质发生了变化,设计协会本身也与很多的英国设计企业一样,每天面临着生存压力。协会也越来越多地参与科研经费竞标活动,并争取设计项目(尤其是来自公共部门的),而其政策影响显著减少。

7.1.2　设计委员会

设计委员会由联合议会的设计与创新集团创立于 2010 年,以促进设计政策的智慧探索。它由国会议员,商业、工业和公共部门的领导代表组成。它的目标是"通过研究探索设计如何推动经济和社会进步,以及政府和企业如何可以更好地了

① Cox, G. "Cox Review of Creativity in Business: building on the UK's strengths". 2005 pre-Budget Report. Retrieved 05 January, 2011 from 2005. http://www. hm-treasury. gov. uk/independent_reviews/cox_review/ coxreview_index. cfm.

解设计的重要性"。[1] 委员会成员不是因为他们与任何特定机构的关系,而是基于其优点、技能和专业知识被聘请。委员会发表与设计相关的论文和重大事件报告,包括教育设计、公共服务设计、设计与公共采购,以及设计与数字经济。

其中最有影响力的报告是 2014 年发布的"英国重启 2"。这是设计委员会"英国重启"系列中的第二份报告。第一份阐述设计教育作为经济复苏和增长驱动力的重要战略意义。本报告转向公共服务重建问题,以响应对公共服务设计项目日益增长的需求。报告展示了运用优秀设计思想并取得积极结果的例子。报告还建议在公共部门规范设计实践。这些建议包括强化中央政府的设计领导力,通过政府培训提高设计能力(和调试能力),实现高质量的信息汇总,应对社会和公众的挑战,增强设计部门自身建设能力,等等。

7.1.3 英国贸易与投资总署(UKTI)

英国贸易与投资总署是一个非部级部门,负责国际贸易和投资。英国贸易与投资总署的使命是与英国企业合作,以确保通过出口在国际市场上取得成功,并鼓励海外企业在英投资。

设计在英国作为由 13 个行业组成的创意产业,被认为是促使英国经济不断增长的主要贡献者。海外市场对设计产业增长也具有重要影响,2007 年至 2008 年间,英国设计产业的 44 亿英镑产值中,近 10 亿英镑收入来自海外销售。

朗西(Runcie,2015)总结了英国贸易与投资总署可以帮助设计师发掘新海外市场的 3 种方式:总部在英国的公司可访问他们最感兴趣的市场,并可与潜在商业伙伴进行面对面沟通;告知企业相关行业发展情况,提供所选择行业的业务引导;展会接入方案是为符合条件的中小型企业提供参加海外指定展览会的资金支持。[2] 然而,与其他经济部门相比,如基于更广泛的文化和创意产业的媒体行业,设计部门被认为是小型行业。大多数设计企业规模小,且被认为难以达到大规模。

---

[1] Design Commission. About the Design Commission[R]. London: Design Council, 2015.

[2] Runcie, E. Three ways UKTI can help designers discover new markets overseas[R]. London: Design Council, 2015.

英国贸易与投资总署在设计上的视点似乎更集中在组织机构运用的设计。因此，英国贸易与投资总署的策略似乎有利于大企业，而不是中小企业，中小企业更难获得设计资金。

7.1.4　英国创新(Innovate UK)

英国创新(技术战略董事会)是非政府部门公共行政机构，由商务部、创新与技术部发起。它的目的是"资助、支持和连接创新业务，加快经济可持续增长"。[①] 自2007年以来英国创新在创新领域投资超过15亿英镑，与合作伙伴和业务资金花费的15亿英镑相匹配。他们已经与5 000多家创新公司进行了项目合作，预计为英国经济带来75亿英镑的增值，创造35 000多个新的就业机会。[②]

英国创新认为，设计是一种思维方式，是将以人为本的方式引入以技术为基础的创新。这种创新运用成熟的、可复制的方法来解决问题，通过创新性探索发现新的机遇。这样的设计能成为企业实力的关键区别，影响系统、服务、产品的的指标、可用性和可行性。在其报告"创意产业战略"(英国技术战略委员会，2013—2016)中，英国创新概述了其对设计的支持：①继续鼓励在研发过程之前使用设计；②协同研究理事会和其他机构搜集大量证据和成功案例证实在创新过程中早期使用设计的价值；③组建设计师和技术创新人员参与"创新设计"活动，支持英国商业创新。成立英国创新网络的特殊利益集团，专注于设计。[③]

7.1.5　全国科学技术和艺术基金会(NESTA)

全国科学技术和艺术基金会(NESTA)于1997年由国家彩票捐赠成立。作为公共机构，全国科学技术和艺术基金会旨在促进广泛领域的创造力，以及智能和创新。2000年，全国科学技术和艺术基金会的工作已从资助个人转向提高英国创新

① BIS. 2010 to 2015 government policy: public understanding of science and engineering[R]. D. f. B. I. Skills, 2010.
② BIS. Innovation Report 2014: Innovation, Research and Growth[R]. D. f. B. I. Skills, 2014.
③ TSB. Creative Industries Strategy 2013 - 2016, Technology Strategy Board[R]. Driving Innovation, 2013.

能力和构建创新体系,并成为创新领域有影响力的原创性研究和政策工作的主要机构。全国科学技术和艺术基金会在2012年成为独立非营利团体,并更名为全国科学技术和艺术基金会,其使命是"帮助人们和组织实现伟大创意"。

全国科学技术和艺术基金会认为,设计对创新一直有显著的作用,有助于更好地理解人们的生活,促进新想法的产生和可视化,并通过快速的试错过程测试创意的实践性。全国科学技术和艺术基金会为保障设计在创新中的运用,开发了一系列工具包。全国科学技术和艺术基金会是设计企业家商业资金的重要来源,对设计政策和设计行业具有显著的影响。

7.1.6 设计商业协会(DBA)

设计商业协会(DBA)是英国的设计行业协会,其使命是"通过商业和设计行业之间富有成效的合作创造有效设计,提高人们的生活质量,促进专业卓越发展"。设计商业协会行动的方向可以概括为:将商业融入设计,将设计融入企业和公共部门。设计商业协会是一个会员制的组织,其中大多数会员是设计顾问和自由设计师,协会为其提供相关支持。设计商业协会代表着英国的商业设计,并为商业设计的需求提供最重要的支持,即缩小商业客户和设计之间的差距。

7.1.7 艺术与人文研究理事会(AHRC)

艺术与人文研究理事会(AHRC)是由商业、创新和技术部以及其他英国研究理事会共同资助的非政府部门公共机构。艺术与人文研究理事会的目标是资助优秀研究项目,对艺术和人文研究情况进行概述,资助优秀研究人员,支持研究生研究,保障知识的交流,为艺术和人文学科研究发展提供国际机会。

设计作为战略优先领域(同时包含语言和遗产)之一,已被确定列入艺术与人文研究理事会2011年至2015年间实施计划,[①]同时在其2013年至2018年间战略

---

① AHRC. 2011 - 2015 delivery plan[R]. A. H. R. Council, 2011.

中得到重申。① 从那时起,艺术与人文研究理事会已制订了一系列的计划,包括重点研究资助互联城市设计、设计实践、创意交流。艺术与人文研究理事会一直与其他如设计委员会和英国创新等组织合作。2014 年艺术与人文研究理事会共投入了 100 万英镑用于设计研究。

7.1.8　英格兰高等教育基金委员会(HEFCE)

英格兰高等教育基金委员会(HEFCE)资助和规范英国高校。它的使命是"代表学生和公众投资,以促进研究、教学和知识交流的卓越性和创新性"。艺术设计是学生群体中第六大专业,在 2012 年至 2013 年间共有 172 860 位学生注册艺术设计课程。高等教育基金的政府改革意味着教学机构收入来自学生的学费逐渐增多,而基金会的拨款逐渐减少。改革之后,许多普及度较小、就业前景黯淡的"软学科"的学位课程逐渐关闭。② 这次削减将持续到 2016 年,削减金额为1.5 亿英镑。③ 紧接着商业、创新和技能部门被通知需从 2015 年至 2016 年间的预算中节省 4.5 亿英镑。由于政府的资金集中在科学、技术、工程和数学学科④,因此设计和其他人文学科受影响最大。进一步的经费削减会对这些学科产生深远的影响。

当前关于艺术与设计教育争论的核心是它的市场、资金和价值。斯皮尔等指出,由于市场进入门槛低,劳工需求少,艺术与设计有关的学科影响着企业的发展方式(超过一半的初创企业和重组公司受其影响)。与科学专业的学生相比,设计专业的学生对自己的专业也不那么满意。⑤

---

①　AHRC. The Human World: AHRC Strategy 2013 - 2018[R]. A. H. R. Council, 2013.
②　Loveys, K. Universities axe 5000 'soft degree courses' as funding cuts sink in[R]. Mail Online, 2011.
③　Morgan, J. Hefce reveals £150m cut[R]. Times, 2015.
④　BIS. 2010 to 2015 government policy: public understanding of science and engineering[R]. D. f. B. I. Skills, 2010.
⑤　Spires R, Rooke M, Moore B, et al. Research to assess the nature and annual value of student start-ups [R]. Highter Education Funding Council for England, 2015.

7.2　影响分析：利益相关者分析图

基于三螺旋(Etzkowitz，1993)的概念，我们认为政策概貌由 3 个主要的利益相关者构成：政府、高等教育机构(高校)和产业。本书认为，在知识供应链中工业由两个关键部分构成：设计供应和设计需求。[1] 供应可视为一切形式的设计能力，从自由设计师、设计顾问到内部团队；需求可视为私人和公共部门的所有设计客户。[2]

然后，将设计政策组织放入关系图 7.1 中，分析它们如何影响设计政策的制定和政策对设计行业的 4 个领域产生的影响。

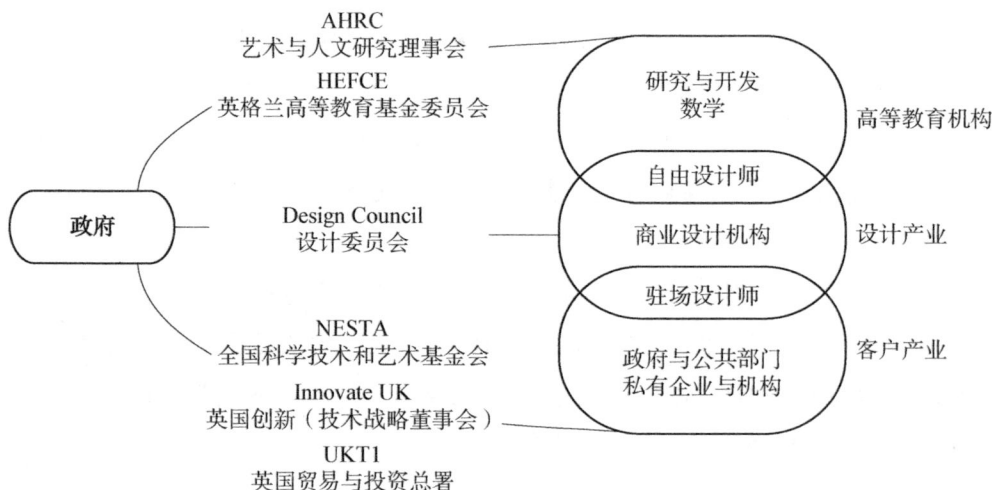

图7.1　设计政策组织关系图

---

① Sun，Q. Design industries and policies in the UK and China：a Comparison[R]. Boston：Design Management Institute. 2010.

② Sun，Q. What policies matter to design[R]. Bulletin Issues，2011.

7.2.1　设计部门

在图 7.1 中,中心是设计部门,由设计公司、自由设计师和内部设计团队组成。后两者与高校和客户部门有重叠,图中可显示。

设计协会将设计部门与政府联系起来。在它成立时,政府对经济复苏中的设计有着很明确的远景规划(特别是工业设计),设计协会被定位于实现这一使命的机构。经过 70 多年的发展,设计协会经常因不能很好适应英国不断变化的社会、经济和文化结构而被批评。

设计协会作为设计界的早期代表,曾在历史上于许多方面获得过政府的大力支持。一方面,为促进和支持政府批准的设计,设计协会在过去 70 年内努力实现目标,在英国推广设计,并率先形成被世界各地广泛模仿的典范;另一方面,它非常注重设计推广(建立在强大的政治和经济实力之上),在英国造成了一个不平衡的设计供求关系。库珀等人认为,设计部门在英国是一个市场饱和的典型案例,设计服务明显供过于求,在欧洲国家中,英国拥有最大的设计部门。这导致了一个高竞争、低收费的局面。绝大多数的设计顾问没有成长空间;客户通常在议价方面比设计师占主导地位,客户也通常会低估设计价值。[①] 英国设计产业的特点是绝大多数公司是小型顾问公司(少于 5 名员工),其中大部分员工是自由职业者;设计企业寿命短;设计服务跨越广泛,行业门槛非常低。正如伍德姆批评道,接近设计政策的危险之处在于,设计政策优先强调设计行业,而不是将社会作为一个整体来考虑。[②] 例如,高度相关的政策文件之一,考克斯(2005)回顾确定的经济体系中出现的"金砖四国"(巴西、俄罗斯、印度和中国),它们的生产率显著增加,引起机构对设计投资重要性的高度重视,并将设计投资作为参与之后 30 年新世界经济秩序竞争的一种手段。考克斯也提出一系列建议,包括提高认识和创意形象化、建立支持和激励

---

① Cooper R A, Williams M. Evans and Q. Sun. Design 2020-The Future of the UK Design Industry[R]. Lancaster University and the University of Salford, 2009.

② Woodham J M. Formulating national design policies in the United States: recycling the emperor's new clothes? [J]. Design Issues, 2010(26): 17 - 46.

机制、提高高等教育的能力建设，以及利用公共采购的力量来鼓励创新。这些大多数建议，特别是关系到公共采购的建议，都被设计委员会的报告采纳收录。确定了公共创新的紧迫性，并在回顾中展示了设计的价值之后，考克斯建议加强设计部门自身的能力，以应对社会和公众的挑战。所以，我们早已开始看到"公共创新设计"领域在实践和学术辩论方面的新兴趋势。与伍德姆的批评类似，孙也指出，这种做法的危险之处在于，可能造成私营部门与可持续需求逐渐远离，这可能会使设计部门对政府采购支出和政策产生新的依赖关系，导致设计部门对任何政治变化都无所限制。[①]

7.2.2　设计关联产业

更多的企业使用设计是通过开发内部能力或者委托设计。设计客户可以是来自私人部门或公共部门。英国贸易与投资总署、英国创新和全国科学技术和艺术基金会是跻身于影响设计关联产业如何将设计应用于创新的最重要组织。通常，他们的战略是通过创新和国际贸易来支持英国经济的发展。在此环境中，设计定位于战略的适切性，对设计综合能力建设至关重要。

国际清算银行(BIS)2014年的报告指出了英国创新活动价值的最新证明，重申了创新的重要性，认为创新是"英国经济增长繁荣的关键驱动因素，长远看，创新价值将占经济增长值的70%以上"。在创新过程中，设计被认为是英国的一个关键且至关重要的优势，从产品创新到科技商业化，设计都能推动企业的发展。但是，BIS也承认，有些经济方面对设计的认识仍然很低，如中小企业之间的经济部分，科学家们寻求商业化的新思路。BIS认为造成这样不足的原因是英国设计部门很难操控。另外，人们普遍认为，创新政策的制定者和分析者历来很少注意设计政策，在更广阔的创新政策领域，他们往往会给予设计研究与发展特权。就像贸易工业部(DTI)2005年的报告中所承认的那样，政府有责任支持创意和设计，但建议使用有限制的方式来支持，如既对正规教育体系给予更广泛的框架环境(如知识产

---

① Sun Q. Embedding employability in the curriculum: a comparative study of employer engagement models adopted by design programmes in China and the UK [J]. Journal of Chinese Entrepreneurship, 2011,3(1): 36 - 48.

权),也在需要的时候直接干预(如促进网络发展方面)。

同时,公共部门的设计在英国已日益增长。设计与公共服务报告建议,内阁办公室需负责发展政府的设计能力,特别是试运行一个多学科融合的设计工作室来制定政策,为政策制造者配备设计技能。英国的第一个政策实验室于2014年4月初成立,它与政策团队合作,测试设计原则和方法如何能提高"行政机构政策的速率、质量和供应能力"。同样,地方政府似乎更意识到在发展公共服务中设计的作用。虽然从长远来看,了解公共部门的需求大小还为时尚早,但可以肯定的是,新的领域对设计打开了大门,这将明显改变设计部门和相关专业的状态。

7.2.3 设计教育

设计概貌第3个关键领域是:通过教学、学习、知识转移和研究活动等方式,为设计行业提供设计技术和能力的高等教育机构。高等教育机构位于图7.1的右侧。艺术与人文研究理事会和英格兰高等教育基金委员会是将教育部门与政府联系起来的两个关键组织。

不可否认的是,英国设计部门每年努力吸引大量的设计专业的毕业新生进入该行业。据文献记录,大多数设计类的毕业生往往很难开始自己的职业生涯,比其他学生需要更长的时间来确立自己的地位。他们的职业道路通常较复杂——管理不同领域的几项工作,并且经常会将创业作为职业生涯发展的终点。他们表现出向其他学科(尤其是零售、营销和广告)转变的高转化率,而且可能就业范围广泛。这也部分解释了为什么艺术与设计有关的学科影响企业发展方式。鉴于此,创意学科的教学预算削减趋于合理,虽然部门本身并不欢迎。例如,蒙哥马利批评讥讽说,虽然政府已运用规范的设计原则彻底改变了其网站呈现,为高级公务员举办"如何培养设计思维"研讨会,并通过一项法律,加大对外观工业设计的知识产权保护力度,但是这种对设计成熟的认知没有体现在每个地方,我们仍然期待教育部在学科创造上大刀阔斧地改善。[1]

---

[1] Montgomery, A. 2012 Review-the year in design policy [R]. Design Week (Online). London, Centaur Communications Ltd. 2012.

随着英格兰高等教育基金委员会削减教学基金,其他资金来源如知识转变项目和研究活动,变得尤为重要。艺术与人文研究理事会是设计研究人员获得资助的主要来源之一,在设计研究如何发展、学科方向如何调整方面具有重要的影响。例如,2012 年由艺术与人文研究理事会委托开展的一项调查研究表明,服务设计被认为是拥有显著机会进行更深研究和探索的区域。

7.3　国家设计政策对设计产业的影响

分析结果显示,政府及其政策在设计概貌塑造中发挥着显著作用。我们已知,设计协会,特别在其早期,已明显改变了全国对设计的看法,并证明了设计在推动经济中的价值,提高了消费者的生活质量。现在,英国因其创造力和创新能力在国际上享有很高的声誉。设计委员会近期发展公共创新设计的议程也已开始略显成就——我们已经看到在公共部门,越来越多的项目在制定和实施政策中使用设计。这无疑将导致设计成为一个新的领域,并且可能改变设计的"专业水平",促进行业动态发展。虽然该方法仍与设计导向政策的历史发展一致,但是来自欧美国家的许多相关案例均显示了领导阶层倡导设计重要性的举措对国家与区域产业发展所具有的重要意义。

出于同样的原因,政府的干预十分强大,它决定设计策略如何制定并实施。许多设计政策的建议被批评只注重设计专业,而没有在更广泛的社会和经济基础上发展。英国设计部门发展过于庞大,也受到批判和质疑:首先,相对于其他利益相关者,设计领导力应如何合理规范。其次,政府应如何更好地支持在设计关联产业中使用的设计。

一方面,撤回对设计协会的支持在一定程度上表明,英国政府已经在之前政策实施中有所反应。另一方面,新成立的设计委员会在很多方面使设计部门与其他关联受益人之间的紧张关系有所缓和。设计委员会被 13 个政府部门所支持,但它没有任何实际功能,只能作为一个专注研究的顾问角色。然而,值得怀疑的是,设计委员会作为一个自上而下的方法,能否起到领导作用,能否被设计部门视为领导者。

　　从设计政策的内容来看,有很多设计活动的领域十分值得公共资金支持。值得注意的是,以下三大领域须得到强力支持,即创建国家设计资产,对于复杂系统与标准进行设计的设计、强化设计专业;在设计、加强知识产权和税款抵减上的公共支出;设计相关的教育。

　　为了避免发展"以设计为中心"的政策和项目,认识到设计在整体经济中的辅助角色十分重要。这使得任何提议的意图从设计专业转向更广泛关联的受益者。这也是斯旺建议的对于市场失灵采取更少的干预。

　　这样,除了不直接涉及或不直接有益于设计的政策和项目外,那些对任何一个利益相关者所造成的冲击,都会对设计部门的动态产生重大影响。因此,设计产业关注的是所有影响设计在国家层面上如何被看待和如何参与的政策。

第 8 章

设计产业的都市格局

——联合国教科文组织框架下的设计之都创新发展研究

8.1　设计之都及其背景

自 20 世纪 90 年代后期,欧美等发达国家及地区开始重视现代创意产业以来,该产业在短期内得到了迅速提升,其发展速度远远超过这些国家和地区整体经济的发展速度,为 GDP 增长和就业做出了很大的贡献。而一些发展中国家和地区近年来也凭借自身对设计、艺术的重视和所拥有的文化遗产等发展创意产业,并取得不小的成绩。2002 年至 2008 年间,全球创意产品和服务年均增长率达到 14%,成为世界经济中最具活力的产业之一。在所有的创意产品与创意服务分类中,设计产品占 42.93%,显示出创意设计在创意产业中的重要位置。

联合国教科文组织(UNESCO)认为,产品具有的经济和文化的双重性质,通过体现和传承文化表现形式,成为文化特征、价值观和意义的载体①。随着生活需求层次的提升,消费市场进入体验经济及美学经济时代,区域文化的独特性、创意知识的建构等,成为国家与地区竞争力的核心元素,推动文化创意产业发展已成为各

————————————

① http://unesdoc.unesco.org/images/0014/001429/142919e.pdf.

国经济发展策略的共同选择。每一个国家本身的传统文化与生活形态,具有独特的识别性。在全球化的市场竞争中,建立在文化特色之上的设计,可以提升产品独特性与增加消费体验。随着产业结构的调整与转型,通过设计来提升产品价值,与通过文化创意设计产业来提升产品的附加价值,正是全球各个国家与地区实现当前产业转型和经济发展目标的一种有效途径。联合国教科文组织的"设计之都"全球创意城市网络即是在这样一种全球背景之下发出的提议。

8.1.1　联合国教科文组织全球创意城市网络

全球创意城市网络是联合国教科文组织于 2004 年创立的项目。该项目对应的是联合国《保护和促进文化表现形式多样性公约》(该公约和《保护非物质文化遗产公约》《保护世界文化和自然遗产公约》共同构成了保护物质和非物质文化遗产、保护世界文化多样性的国际法体系),旨在把以创意和文化作为经济发展最主要元素的各个城市联结起来形成一个网络。在这个网络平台上,成员城市相互交流经验、互相支持,帮助网络内各城市的政府和企业在国内和国际市场上扩大多元文化产品的推广。加入该网络的城市被分别授予 7 种称号:"文学之都""电影之都""音乐之都""设计之都""媒体艺术之都""民间艺术之都""烹饪美食之都"。目前已经有 31 个城市加入了该网络。其中,"设计之都"的竞争最为激烈,由于设计对于创意产业的重要意义,在已经加入和正在申请加入该网络的城市中,有 1/3 以上是面向这一称号的。目前 23 个"设计之都"分别是:布宜诺斯艾利斯、柏林、蒙特利尔、名古屋、神户、深圳、上海、首尔、圣埃蒂安、格拉茨、北京、毕尔巴鄂、库里奇巴、邓迪、赫尔辛基、都灵、万隆、新加坡市、底特律、普埃布拉、布达佩斯、考纳斯、武汉[①](见表 8.1)。

[①]　联合国教科文组织—设计之都网站. http://www. unesco. org/new/en/culture/themes/creativity/creative-industries/creative-cities-network/design/.

表 8.1 联合国教科文组织认定的设计之都

亚太区域	欧美区域	拉美和加勒比区域
中国：深圳、北京、上海、武汉 日本：名古屋、神户 韩国：首尔 印度尼西亚：万隆 新加坡：新加坡市	匈牙利：布达佩斯 德国：柏林 加拿大：蒙特利尔 美国：底特律 立陶宛：考纳斯 法国：圣埃蒂安 英国：邓迪 芬兰：赫尔辛基 意大利：都灵 西班牙：毕尔巴鄂 奥地利：格拉茨	墨西哥：普埃布拉 阿根廷：布宜诺斯艾利斯 巴西：库里奇巴

资料来源：根据联合国教科文组织官方网站整理，整理时间截至 2018 年 6 月。

8.1.2 设计之都的特点

作为创意城市网络中的主体，设计之都具有如下的共同特征：拥有相当规模的设计产业；拥有以设计和现代建筑为主要元素的文化景观；拥有典型的城市设计；拥有前卫的设计流派；拥有设计人员和设计者团体；拥有各类专门的设计博览会、活动和设计展；为本土设计者和城市规划人员提供机会，使其能够利用当地的材料和各种城市自然条件的优势从事创作活动；拥有为设计领域的收藏家开办的市场；拥有根据详细的城市设计和发展规划建立起来的城市；拥有以设计作为主要推动力的创意型产业，如珠宝、家具、服装、室内装饰等。

8.1.3　设计是创意产业的核心力量

设计对创意产业的贡献率接近一半,表明设计对于创意产业的重要作用与价值。首先,设计是创意产业的发展起源和主要动力来源,对于个人创造性、艺术品位和手工艺的推崇是当今文化创意产业蓬勃发展的重要潜在因素,这些都是设计的主要对象与内容。其次,文化创意产品的 3 个重要特征:视觉性、体验性和多元性,不是仅仅通过资本、技术就能够实现的,只有设计才能使各类创意得以实现。

8.2　世界设计之都形成与发展的主要模式

8.2.1　创意城市相关概念

一定程度而言,创意城市不是严格的学术概念,而是推动城市复兴和再生的模式①。创意城市的概念是伴随创意产业而产生的,多与创意产业和城市发展联系在一起。霍尔认为真正的创意城市是多方面领先的,建立在艺术和技术的融合之中,是城市和"新事物"之间的持久的动力关系②。简·雅各布斯认为,国民经济发展的前提是要转变经济发展模式,实现创意城市经济体系③。简·雅各布斯观察到,一些集聚了专业化中小企业群的城市拥有众多富于创造性、技巧和高质量的劳动者,这些中小企业具有灵活性、高效率、适应性,拥有依靠创新和想象力进行自我修正的能力。它们结成网络,依靠劳动者和工匠的熟练技术与灵敏性生产出具有国际竞争力的个性商品。这种生产模式是继工业化大生产体系之后出现的又一种新的生产体系。兰德里在研究欧洲随着制造业的衰退而出现的大量青年失业、传统的

---

① 厉无畏. 创意产业新论[M]. 上海:东方出版中心,2008:17.
② Hall P. Creative cities and economic development [J]. Urban Studies, 2000,37(4): 639 - 649.
③ Jane Jacobs. Cities and the Wealth of Nations: Principles of Economic Life. 1984:81.

国家福利体系面临财政危机等问题时,将目光转向了利用艺术文化所具备的创造力而挖掘社会性潜力的城市实践,并认为创意是艺术文化与产业经济的媒介,艺术文化的创造性是解决城市问题的一种途径。创意城市的重要之处在于能够在经济、文化、金融等各个领域创造性地解决问题,并具有不断引发连锁反应从而导致原有体系改变的流动性[1]。兰德里认为,创意城市概念的出现,是由于依靠传统模式的城市再生失去了效果,因此城市必须吸引新的有才之士,而他们需要城市为其提供能够发挥创造力和想象力的环境。在这个环境中,软件基础设施与硬件基础设施同等重要。要成为创意城市,就必须改变对创意、对事物的思维方式,创造性地思考,促进人与人之间的互动,建立超越工作范围的网络联系,实行异文化共享,而不是仅仅停留于多元文化的相互理解。创意城市的本质就是培育、吸引、留住具有各种各样才能的人才,创意城市必须具有能够反映本地特色的城市品牌标志,拥有基于地域特色的全球意识、多样性和宽容性以及想象力。兰德里还提出构成创意城市的基础需要7个要素,即个人特质、意志力与领导力、人力的多元性与各种人才的发展渠道、组织文化、地方认同感、城市空间与设施、网络与组织架构。奥康纳总结了有关创意城市的相关概念,提出创意城市第一阶段是以文化为主的城市拆建概念,第二阶段是以文化为主的城市再生概念,第三阶段主要表现因城市创意对各个行业的渗透而形成创意产业,从而提高城市竞争力,这超越了以往的文化产业范畴[2]。可以认为,创意城市也被称为创意国度或创意之邦,是一种以创意产业或创意经济的崛起为契机而形成的城市发展定位。创意产业通常被定义为个人的技艺、才华经由知识产权保护制度而带来社会财富增长的一种经济形态。一般而言,"创意"区别于技术"创新"与"发明",以"为人所用"的原创产品及服务形态为重心,因此,"设计创意"等新兴产业在这里可以找到新的价值定位[3]。创意经济所体现出的新特征有两个,其一是"文化悬浮",即生活方式和文化吸引力推动了创意人士的流动;其二是创意活动与创意消费"互为主体性"。

---

① Landry C. The creative city [M]. Oxford: Earthsean Publications Ltd, 2000.
② http://eprints. qut. edu. au/43879/1/Renew_Final. pdf.
③ 许平. 创意城市与设计的文化认同:关于设计与创意产业发展政策的断想[J]. 南京艺术学院学报,2007(1):35-39+167.

8.2.2　世界设计之都形成与发展的模式与类型

在联合国教科文组织提出"设计之都"创意城市网络项目之前,就已经有许多城市把设计之都和创意城市作为发展方向。像伦敦、纽约、东京、巴黎、米兰这样的国际公认的著名创意城市和设计大都会,不仅在创意与设计领域具有重要的影响力,在其创意城市的发展中也积累了丰富的经验,形成了独特的模式与理念。随着柏林、首尔、上海和深圳等城市被授予联合国"设计之都"的称号,越来越多的国际大都市开始进入创意城市的网络,进一步促进了国际和地域设计创意活动的互动与发展。

设计之都就其形成来看,已形成原发型和催发型两种发展模式。两种发展模式的划分并不是截然分离的,上述提及的一些城市如伦敦和深圳介于两种模式之间。

1. 原发型设计之都

创意设计始终保持着与其他产业之间密切互动的关联性,从为实现生产制造而进行的以生产为导向的设计,到为形成市场竞争优势而进行的以市场为导向的设计,再到以用户为导向的设计,现代设计所经历的几个重要发展都是在与产业的互动中自然完成的。许多城市就是这样自然转型为创意城市的,其发展模式为原发型,即"设计之都"是其在城市和区域发展中自然选择的结果。伦敦、纽约、东京、巴黎、米兰以及包括深圳这类对设计的需求与能力建设伴随着城市的经济文化发展而发展的城市,都是原发型的代表。原发型创意城市的发展路径也大都是自下而上的,政府是在创意产业或创意经济已经发展到一定阶段以后,才主动发挥主导、引导、支持的作用,积极推动创意城市建设①。在这些城市中,伦敦、深圳属于政府介入较多的城市,政府在设计产业发展与推进上推行了许多政策,但纽约则几乎没有政府有意识地推动,主要在原有的创意基础和经济、文化与技术的互动中转型为创意城市的。

2. 催发型设计之都

有些城市在意识到创意城市建设的巨大经济效益和社会效益后,将创意城市

---

① 刘平.国外创意城市的实践与经验启示[J].社会科学,2010(11):26-34.

建设作为手段,通过设计对城市进行创意改造,这类城市的发展模式可以被归为催发型。加入联合国教科文组织创意城市网络的"设计之都",如布宜诺斯艾利斯、蒙特利尔、名古屋、神户、首尔和上海都属于这种类型。催发型设计之都通过得到国际认可来提高城市的知名度,并努力通过创意城市建设这样一种手段获得更大的经济、社会效益。催发型创意城市的发展路径大都是自上而下的,政府建设创意城市的过程中发挥强有力的主导作用,出台政策措施,积极推动"设计之都"建设。韩国的首尔是政府主导"设计之都"建设的典型代表①。

霍斯珀斯认为创意城市有 4 种类型,即技术创新型、文化智力型、文化技术型和技术组织型②。技术创新型城市多为新技术得到发展或者技术革命的发源地。这些城市一般是由一些具有创新精神的企业家通过创造既相互合作又专门分工并具有创新氛围的城市环境来促进城市的繁盛,如美国的纽约;文化智力型城市与技术创新型城市相反,这类城市偏重于"软"条件,例如文学和表演艺术,主张改革的艺术家、哲学家、知识分子的创造性活动引发了文化艺术上的创新革命,随后形成了吸引外来者的连锁反应,如美国的圣达菲;文化技术型城市兼有以上两类城市的特点,技术与文化携手并进,形成所谓"文化产业",将互联网、多媒体技术与文化密切地结合在一起,如德国的柏林、英国的伦敦;技术组织型城市是在政府主导下与当地商业团体公私合作来推动创意行为的开展,人口大规模聚居给城市生活带来了种种问题,比如城市生活用水的供给,基础设施、交通和住房的需求等。这些问题的原创性解决方案造就了技术组织型的创意城市,如东京。

8.3 世界设计之都创新发展的一般特征

设计之都作为创意城市的一个重要类型和主体,具有创意城市的所有特征。无论设计之都的发展模式是原发型或催发型,还是技术创新型、文化智力型、文化

---

① Design Seoul. http://design.seoul.go.kr/eng/index.php? MenuID=495&pgID=111.
② Gert-Jan Hospers. Creative cities: breeding places in the knowledge economy [J]. Knowledge, Technology & Policy, 2003(16): 143-162.

技术型和技术组织型中的一种,因应创意与设计自身的特点,城市发展都具有一些共同的特征。通过对伦敦、纽约、巴黎、东京等具有国际影响力的创意城市以及联合国教科文组织创意城市网络中的布宜诺斯艾利斯、蒙特利尔、柏林、名古屋、神户、首尔、上海、深圳等"设计之都"的建设与发展过程的观察发现,设计之都建设具有如下共同特征:聚集优秀的创意设计人力资源、开放与多样性的城市文化、丰富的创意文化环境、多元政策的引导与推动、创意设计与技术的密切融合、创意设计产业集群化和品牌化(见图8.1)。

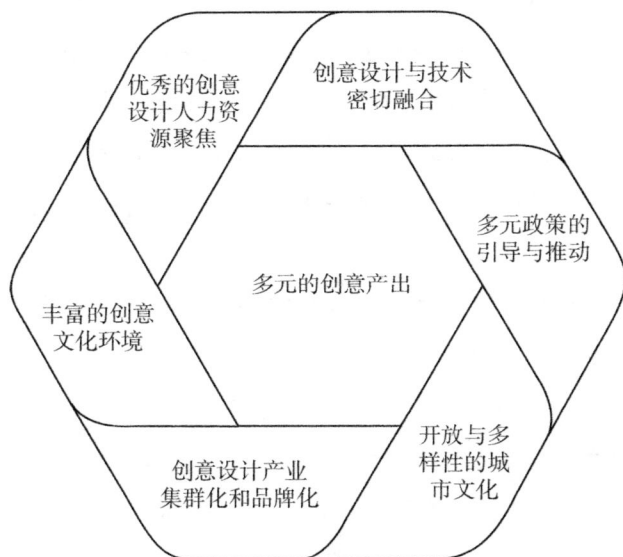

图8.1　设计之都建设的一般特征
(本研究整理)

8.3.1　聚集优秀的创意设计人力资源

推动创意设计产业发展的关键资本是人力资本。因此,各国对创意设计人才的重视可以说是达成共识的,对创意设计人才的培育与吸引更是不遗余力,无一例外地都将人才资源建设作为不可或缺的措施。设计之都在人才资源建设方面的主要途径是人才的教育培养、人才的引进。教育培训是可持续的创意设计人才获取的重要途径。

1. 高度重视基础教育阶段的艺术教育

人力资本是在许多外界因素（包括经济状态、文化标准和价值）的共同作用之下形成的。学习与教育是提高社会人力资源水平的重要途径。传统的教学主要是在建构分析思维能力，而忽视了其他的思维品质，如想象力、直觉和自发的好奇心，而这些都是提升创意能力的关键。如今教育界越来越多地认识到，学习和发展创意人才需要借助更多跨学科的途径。在各层次学校教育及终身学习中建立起学习与文化之间的关联将有助于进行创意学习，艺术提供了一种环境使得学习者能够融入创意体验、过程和发展中。研究显示，将学习者带入艺术过程中，以及在教育中引入学习者自身的文化元素，都有助于培育个体的创意与原动力、丰富的想象力、情商和道义取向、批判性反思能力、自主性以及自由思考与行动的感觉。艺术教育也能激发学习者的认知发展，使得学习者在面向现代社会需要时知道学什么和如何学。

欧洲等国家已经将对创意设计人才的培育提前到儿童时代，并在中学、大学以及职业教育阶段形成长期的熏陶和指引。此外，他们还尤为注重创意人才的系统性培养，在培育过程中加强跨部门、跨地区的交流与合作。

德国的艺术教育具有艺术教育实施普及化、艺术教育目标人本化、艺术教育课程多样化等特点。开发学生潜能和促进学生个性发展是艺术教育的目标。艺术教育方法突出参与性、活动性和创造性的特点。在柏林的小学课程计划中，音乐、美术占总周课时的 12.5％。有些小学的三、四年级艺术课程占周总课时的 17.2％。各中学艺术课程各占总周课时的 12.1％[①]。

由于意识到艺术教育对于国家可持续创新的重要意义，美国国会于 1994 年通过了克林顿政府提出的《2000 年目标：美国教育法》。该法令对美国艺术教育（音乐、视觉艺术、戏剧、舞蹈）给予了史无前例的支持，艺术被法定为国家教育目标所列"核心学科"（Core Subjects）之一。同时还规定，如同其他学科一样，艺术学科也

---

① 德、法中小学艺术教育管窥. 教育部全国中小学教师继续教育网. http://training. teacher. com. cn/information/center/StudyGuide/xiaoxue/yishu/jfyj/32YS1052301. htm.

要制订国家教育标准,并纳入"国家教育进步评估"(NAEP)体系①。

我国九年义务教育阶段艺术类课程占总课时的 9%~11%。初中阶段艺术类课程开课不低于艺术课程总课时数的 20%。普通高中按《普通高中课程方案(实验)》的规定,保证艺术类必修课程占 6 个学分。上海在基础教育阶段的艺术教育内容占学时比例及丰富程度上在国内也是领先的。但在"应试教育"的影响之下,艺术教育总体没有得到教育界与社会的重视。

2000 年 9 月英国开始实施新的国家课程标准,强调了美术与设计的价值,认为美术与设计课程的学习不仅能促进学生精神、道德、交际和文化方面的发展,而且在各种基本技能的发展中也能够推进其他方面能力的发展。在课程结构方面,美术与设计分为两大部分,即学习计划和成绩目标。学习内容包括:探究与发展各种思想,调查与制作,美术、工艺和设计,评价与发展,知识学习与理解等几个方面。英国国家课程清晰地表述了美术与设计的性质和价值。

2. 重视创意设计高等人才的专业能力及跨学科合作能力的培养

大学是高端创意设计人才的主要教育基地,国际设计之都往往都拥有多所设计学院,并与城市的创意设计产业保持着良好的产学研合作,同时带动了设计教育与设计实践的共同进步。美国《商业周刊》"2007 年全球 60 所最佳设计学院"(见表8.2)及"2009 年全球 30 个最佳设计课程"(见表 8.3)中所列出的多数设计学院分布在纽约、伦敦、巴黎、东京、首尔、上海、北京等创意城市及其周边,不仅为所在城市创意设计产业提供知识服务,同时辐射周边地区,带动城市带创意产业的可持续发展。

表 8.2 《商业周刊》:"2007 年全球 60 所最佳设计学院"

美国	中国	英国	德国	荷兰	意大利	法国	加拿大	韩国	印度	日本	巴西	丹麦	挪威	瑞典	芬兰
29	5*	4	3	2	2	2	2	2	2	2	1	1	1	1	1

注:* 含中国香港和中国台湾各 1 所设计学院。
资料来源:The Best Design Schools in the World,本研究整理。

---

① 康艳明.美国课程改革方案及其对我国当前基础教育课程改革的启示[J].当代教育论坛:宏观教育研究,2005(9):112.

表 8.3　《商业周刊》："2009 年全球 30 个最佳设计课程"

美国	英国	中国	瑞典	日本	荷兰	意大利	芬兰	韩国	印度	巴西	加拿大
14	3	3*	2	1	1	1	1	1	1	1	1

注：* 含中国香港和中国台湾各 1 所设计学院。
资料来源：World's Best Design Programs，本研究整理。

　　大学设计学科是支撑城市及地区创意设计能力建构的重要因素,柏林有超过 10 所与设计相关的大学与教育机构,拥有 5 000 多名学生学习设计,多数学生毕业后留在柏林发展自己的事业,进一步推动了柏林设计产业的发展[1]。格拉茨有 6 所大学,容纳约 4 万名学生。格拉茨的艺术大学吸引了大量来自亚洲的学生在此学习,成为格拉茨链接国际文化的重要基地。格拉茨的创意产业创造了约 17 500 个就业机会[2]。蒙特利尔有 4 所大学及 50 个研究机构(其中 6 个与设计有关),同时还提供许多高水平的设计相关课程教育服务[3]。布宜诺斯艾利斯大学共有约 35 000 名学生,拥有 30 个与设计教育相关的私人教育机构[4],分布在工业设计、图形、织物、面料、图像、声音、景观和建筑设计等 6 个领域。上海有 63 所大学设有创意设计学院或专业,每年上海市人力资源和社会保障局还为 8 万人提供职业培训[5]。

　　国际设计教育原来以造型为主要教育内容,后来因将设计作为产品价值增值手段而带来了教育内容的变化(见图 8.2),这已经成为国际领先的设计学院培养创意设计人才的基本共识。

　　近年来,为适应全球化环境下的竞争需要,全球各大设计学院开始在设计教育中结合技术、商业和社会因素,以跨学科方式培养更能应对新经济时代创意创新挑战的设计师。典型的例子是芬兰于 2009 年将赫尔辛基理工大学、赫尔辛基经济学院和赫尔辛基艺术设计大学合并为阿尔托大学,以应对新经济时代创意设计面临的挑战,为芬兰的创意产业发展提供知识与人才资源。英国的许多大学开发了许

---

[1]　10 things to know about Berlin. http://unesdoc. unesco. org/images/0015/001592/159268E. pdf

[2]　10 things to know about Graz. http://unesdoc. unesco. org/images/0021/002133/213327E. pdf

[3]　10 things to know about Montreal. http://unesdoc. unesco. org/images/0018/001838/183835E. pdf

[4]　10 things to know about Buenos Aires, http://unesdoc. unesco. org/images/0018/001838/183827E. pdf

[5]　10 things to know about Shanghai. http://unesdoc. unesco. org/images/0019/001917/191772E. pdf

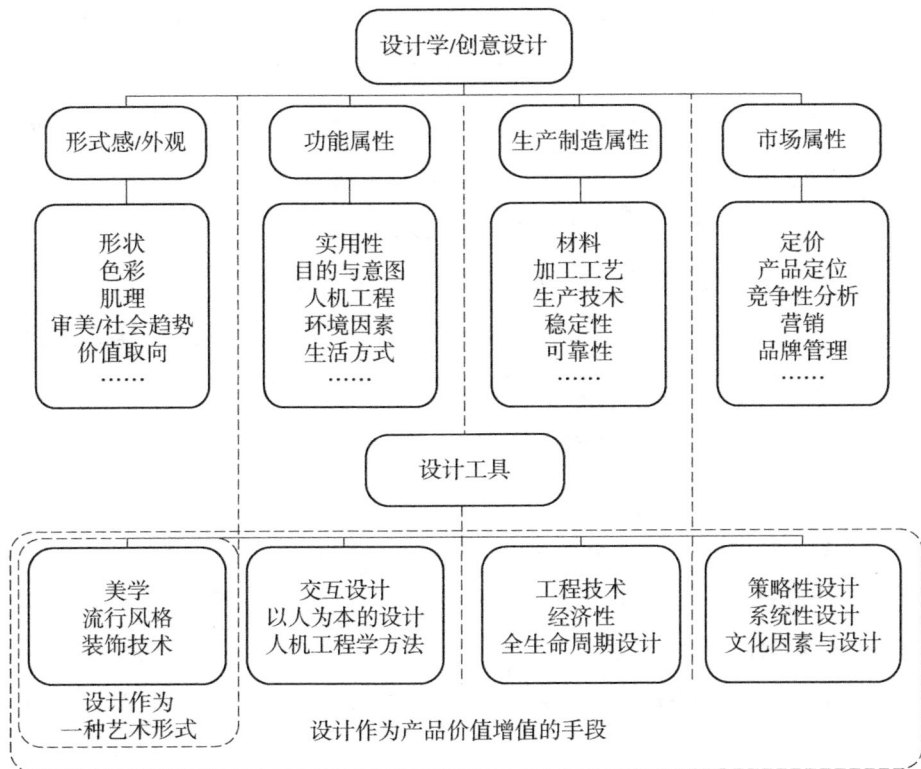

图8.2 不同功能定位之下的设计及其工作内容

多新的课程,将设计与许多其他学科进行跨接,以提升学生的综合能力。2006 年由英格兰高等教育基金委员会(HEFCE)和全国科学技术和艺术基金会(NESTA)支助,英国设计委员会(Design Council)建立了多学科设计网络以促进设计与技术、商业和社会文化之间的互动合作。

我国生产制造业近年来的发展带动了设计教育的迅速发展。据不完全统计,全国目前设计院系已经达到 1 600 多所,但发展主要体现在办学规模上,而在理论研究、学科建设上严重滞后于世界发达国家和我国的国家发展战略需要及当代社会需求。具体表现在:学科体系偏重艺术内容,严重忽视了设计艺术学的综合性、交叉性等学科属性,难以在创新型国家建设和创新型企业发展转型中发挥设计学应具备的作用与价值;课程设置基本上延续了传统工艺美术教育的内容,而对与现代生产、生活和科学技术密切相关的课程缺少足够与应有的重视;对学生的综合能力与素质培养重视不够,这一点从学生入学考试的文化课要求较低,以及教学"重技法、轻理论"的现象中就可以得到验证;师资和教材建设不能满足设计艺术迅速发展的要求。在国家大力推动创意设计产业发展之际,设计教育正面临着身处重大发展机遇之中而缺乏成熟而系统的理论指导的严重性和急迫性。

3. 成为优质创意设计人才与企业的聚集地

创意产业的发展和创意城市的形成离不开创意人才的创意和努力,创意人才的多寡是创意产业乃至创意城市发展程度的决定性因素之一。国际一流创意设计城市无不集聚了大量创意人才。有些城市凭借优越的地理位置、巨大的市场、多元文化交汇所带来的对多元文化的认同、接受,以及自由、开放的氛围而又有知识产权保障的制度环境,吸引并留住了创意人才,如纽约、伦敦、东京、柏林。有些城市则通过创造宽松、开放,鼓励创新、创意的氛围,充分利用学校、培训机构实施创意人才培育措施,吸引和培育了大批创意人才,如布宜诺斯艾利斯、蒙特利尔、神户、名古屋、上海和深圳。

伦敦拥有英国超过46%的广告创意设计人员、80%~85%的时装设计师、40%的出版业从业人员、50%的广播电视从业人员[1],1/3以上的设计机构集中在伦敦,其设计业产值占英国设计产业总产值的50%以上;全美约8.3%的创意产业部门员工集中在纽约,占纽约市下属5个行政区总就业人口的8.1%以上[2];巴黎吸纳了全国76%的创意设计岗位[3];东京集聚了全日本50%以上的创意产业从业人员,其中,时尚设计业的47%、全日本设计企业的40%聚集在东京[4];柏林拥有2 400家设计公司,分属于产品、家具、视觉传达、图形及时尚设计领域;蒙特利尔聚集了加拿大魁北克市65%的设计师,其产出占蒙特利尔文化产业总产出的34%[5];圣埃蒂安聚集了超过50家欧洲和世界领先的创新企业和超过20 000个中小型创意企

① 伦敦发展局网站: http://www.ida.gov.uk/.
② 纽约政府网站: 本文引自山东文化产业网: 纽约创意产业系列[EB/OL]. (2007 - 9 - 5)[2019 - 01 - 12]. http://www.sdci.coil1.cn.
③ 厉无畏. 迈向创意城市[J]. 上海经济,2018(11): 28 - 33.
④ 东京都产业劳动局. 创意产业实际状况与问题调查报告[R]. 东京都产业劳动局,2010.
⑤ http://unesdoc.unesco.org/images/0015/001592/159265E.pdf.

业①;首尔的设计产业创造了 17 万个就业机会,拥有 57 625 个专业设计师②;上海近年来吸引了将近 30 万专业人士来上海工作,聚集了来自全球 30 多个国家和地区的 6 110 家设计企业,提供了 114 700 个就业机会,上海拥有数量众多的创意设计大师工作室,约有 75 个创意产业园区,拥有量全球最高,许多园区具有极高的知名度③。

8.3.2 开放与多样性的城市文化

现代经济发展理念越来越强调开放及多样性社会与创意创新能力之间的联系,特别是在新经济发展背景下。简·雅各布斯首次提出,多样性和思想交流是重要的创新来源并在建构强大并富有活力的城市方面发挥着重要作用④。佛罗里达提出,创意只能在以开放与多样性文化为特点的创意氛围之下才能得以繁荣⑤。区域经济成长得益于创意人士的推动,他们喜欢具有多样性、包容性和对新概念持有开放态度的地区。多样性有助于地区吸引各种类型的创意人士,更大和更多的创意资本的多样化聚集转而带来更高频率的创新、高技术商业的形成、就业岗位的出现和经济增长。而且城市和地区的文化供给(比如剧院和地下摇滚乐队)将使得这个城市或地区对创意人才更具有吸引力。事实上,在创意设计实践者中间,很多关于创意与公共艺术场所的高度关联性的讨论,如艺术场所有助于激发创意、开发新的产品与服务的观点是得到广泛认同的。

许多创意城市由于地理位置、发展历史、开放的政策以及对外来文化的包容与学习等,而形成多种族、多民族以及多元文化共存、交流融合的文化氛围。创新诞生于各种文化、思想、人物的交流之中,多元文化的交流融合特别有利于促进创新、产生各种各样的创意。

---

① 10 things to know about Saint-Étienne, http://unesdoc. unesco. org/images/0021/002144/214436E. pdf
② 10 things to know about Saint-Étienne, http://unesdoc. unesco. org/images/0021/002144/214436E. pdf
③ 10 things to know about Shanghai, http://unesdoc. unesco. org/images/0019/001917/191772E. pdf
④ Jacob J. The death and life of Great American Cities [M]. New York: Random House Publishing Group, 1993.
⑤ Florida R. The rise of the creative class: and how it's transforming work, leisure and everyday life [M]. New York: Basic Books, 2002.

一个城市的外国人口的比例或者非本地出生人口比例不仅反映了该城市人口的开放性、流动性和多样性，而且在一定程度上也体现了全球化经济对城市发展的影响和城市创意创新潜力。分析纽约、伦敦和东京等大都市的人口迁移、非本地出生人口情况以及国际人口比例等指标（见表8.4）[1]，可以发现以下3个特点：第一，纽约、伦敦和东京的迁移人口比例都在7.86%以上，表明这三大都市有接近1/10的人口处于流动状态，整个都市人口具有较强的流动性；第二，1/4左右的纽约和伦敦人口出生在国外，表明纽约和伦敦的人口流动性和多样性较强；第三，东京和上海的国际人口比例相对较低。上海与以上三大国际大都市相比较，无论是人口的流动性还是开放性和多样性，都具有较大差距。

表8.4　纽约、伦敦、东京、上海迁移人口与国际人口比例（%）

	纽约（2000）	伦敦（2007）	东京（2005）	上海（2007）
迁移人口/总人口	9	7.86	9.87	1.4
非本地出生人口/总人口	22.6	27.09	—	4.75
国际人口/总人口	24.2	31	4.86	0.97

纽约是美国少数民族最为集中的地区，拥有来自全球180多个国家和地区的大量移民。全市人口中有36%为外国移民，在所有的外国移民中，白人占36%，黑人占27%，拉丁美洲人占27%，亚洲人占10%，他们带来了世界各地、各种族和各民族的文化。这些文化融汇交融，形成了纽约极富创新、创意的土壤和开放、自由的氛围[2]。

柏林是各种历史文化的交融之地，2007年柏林人口超过341万，其中47多万人口为来自世界各地185个国家的外国人[3]，每年还有1 300万游客到访，这也促使柏林形成了多元文化融合的开放、宽松氛围和富于创新、创意的环境，吸引了众多年轻创意人才和设计部门集聚于此。

布宜诺斯艾利斯也有着与其他创意城市相似的多元文化兼容并蓄的特点。它容纳了来自不同文化背景，包括意大利、黎巴嫩、亚美尼亚等不同国家和地区的大

---

① 左学金，王红霞. 大都市创新与人口发展的国际比较[J]. 社会科学，2009（2）：48.

② 纽约. 百度百科 http://baike. baidu. com/view/7708. htm.

③ http://www. create-berlin. de/Home_en. html.

量移民,从而发展出一种显著的多元融合性文化。根据《经济学家》杂志调查,布宜诺斯艾利斯因其充满活力的文化氛围被评为"拉丁美洲的最佳城市",这个城市集中了全国80%的文化创意产业,其文化产业创造了本地7%的经济收入和4%的本地就业。

格拉茨是奥地利第二大城市,是中欧通往东南欧的人口,也是中欧和东南欧设计与文化的中心。2010年格拉茨约有850位外埠创意产业专业人士居留,主流文化和各种亚文化在格拉茨得到了很好的平衡,成为人们感受文化多样性的理想之地。

上海是一个东西方文化交融的、包容与文化开放的城市,外国人常住人口50万,其中78.5%在上海工作。据一项调查,拥有上海户口,但在外省市长大的在沪居民中有46.7%认同自己是"新上海人";拥有外省市户口在沪居民中有63.1%认同自己是"其他省市的人"。这说明,一方面上海城市的包容度较高,另一方面也还存在一些问题。

深圳是中国最大的移民城市,城市人口平均年龄30.8岁,城市发展初期即集聚了来自全国各地的青年创意者,并成为中国现代设计的繁荣兴盛之地[1]。

神户是日本第六大城市,是日本最具有异国风情的港口城市,是日本的"时尚之都"和"聚会之城"。其他创意城市也都因具有包容外来文化的特质,在融合多元文化中形成了开放、宽松、富于创新与时尚的文化氛围,这些成为其形成创意城市的基础优势[2]。

8.3.3 丰富的创意文化环境

文化环境,包括美术馆、设计博物馆、音乐会场所、书店等,对创意设计发展繁荣尤为重要。它们是展开思想碰撞的热点,是交流讨论、概念发展和个体跨领域交流网络形成的场所。科瑞德指出,创意的成功若离开它所赖以生发的社会世界将不复存在,社会不是创意的副产品——正是这样一种决策机制使得文化产品及文

---

① 10 things to know about Shenzhen. http://unesdoc. unesco. org/images/0018/001841/184151E. pdf.
② 10 things to know about Kobe. http://unesdoc. unesco. org/images/0018/001838/183833E. pdf.

化生产者得以形成和进入市场,"文化是创意的驱动力正是因为文化的社会属性"①。特拉弗斯指出,学生参观美术馆有助于为舞台或织物设计发现灵感,这些灵感在其他地方难以找到,并且这种对博物馆和美术馆的自发使用也可被视为创意②。文化参与有助于人们发现创意天赋与直觉及美学判断。许多研究表明,博物馆和美术馆是创意生发与繁荣之所在,因为这些地方鼓励人们进行差异化思考,表述和传递概念,并在过去的创意之上产生新的创意成果。另外,在2001年的英国一份政策文件中也提出,21世纪成功的社会将是那些将培育创意精神和文化活动相结合的社会。

文化、教育设施以及文化活动的数量是最能体现一个城市文化环境和氛围的要素。创意人才需要将其无限的创意才能、创新的思维通过各种方式加以发掘和表现,并在不断地相互交流中产生新的创意。丰富的文化、教育设施以及各种文化活动能够为他们提供足够充分的培育、表现、交流的平台,能够吸引、培育一批又一批年轻创意人才和创意产品的受众,营造浓郁的文化创意氛围。可见,创意城市和设计之都在这方面的表现非同寻常。

以伦敦、纽约和巴黎为例③,在国家博物馆数量方面,伦敦、纽约和巴黎分别为22个、16个和19个;在文化节数量方面,伦敦、纽约和巴黎分别有200个、81个和40个,伦敦是世界上最具创意文化活力的城市(见表8.5)。

表8.5 设计之都的主要文化供给

	伦敦	纽约	巴黎	柏林④	上海⑤	蒙特利尔⑥
国家博物馆	22	16	19	18	4	7
主要创意节	200	81	40	34	6	20

① Currid E. The Warhol economy: how fashion art and music drive New York city[M]. Princeton: Princeton University Press, 2007.

② Travers T A. Valuing Museums: impact and innovation among national museums [R]. National Museums Directors' Conference, United Kingdom, 2004.

③ 刘平. 国外创意城市的实践与经验启示[J]. 社会科学,2010(11): 26-34.

④ http://www.create-berlin.de/Home_en.html.

⑤ 上海统计年鉴. http://www.stats-sh.gov.cn/data/toTjnj.xhtml? y=2011.

⑥ http://mtlunescodesign.com/en/.

除重要的创意文化节之外,柏林平均每天有大大小小 1 500 个文化活动。柏林拥有高度国际化的设计合作网络,设计产业发展与电影、生活时尚相结合的模式非常独特。柏林具有优秀的设计文化遗产,包括包豪斯藏品博物馆在内的许多著名设计博物馆收藏了无数的设计与手工艺产品,成为学习设计、理解设计的重要公共文化场所。格拉茨有 20 个顶级博物馆、24 个美术馆,每年会举办几十场创意活动。蒙特利尔是国际设计联盟(IDA)的总部所在地,其下包括国际工业设计协会(ICSID)、国际图形设计协会(ICOGRADA)以及国际室内设计联盟。蒙特利尔每年有 4 个重要的设计与文化活动。圣埃蒂安拥有现代艺术博物馆、艺术与工业博物馆等重要的城市创意文化设施。圣埃蒂安自 1998 年起主办的"国际设计双年展",已经成为城市的重要标志。"城市中的设计"活动致力于将城市打造成设计展示的窗口和前卫设计的实验室,得到了市民的广泛参与。圣埃蒂安每年主办大量的与设计相关的国际会议,建立起与全球其他城市与机构丰富的网络关系。圣达菲同时还是联合国教科文组织的"民间艺术之城",具有丰富的文化遗产,是美国第二大艺术市场,拥有 200 个艺术博物馆、8 个美术馆。民众对艺术活动的参与度非常高,接近 1/5 的成人及儿童参与城市的民间艺术集市活动[①]。首尔具有丰富的创意文化遗产,也是一个市民主导文化活动的城市,经历过工业文明对社会与人类生活的负面冲击,对环境和设计可持续具有较强的认同,注重将设计融入日常生活,利用设计使社会更富裕。首尔由韩国设计振兴院等 4 个重要的设计机构协调政府与社会企业及教育机构的合作,每年有 5 个重要的设计节日活动[②]。布宜诺斯艾利斯拥有大量的设计集市与设计展览,每年主办 60 多个相关活动、20 个设计比赛。城市拥有优良的设计传统,主流媒体开辟专门的栏目传播设计,有多本专门的设计杂志发行。上海拥有全面的文化创意设施,并且各类博物馆 114 个,每年主办 6 个主要的设计活动,通过多层次的媒体面向市民进行设计知识信息传播。深圳各类博物馆有 19 个,每年主办 4 个主要的设计活动和 13 个大型公共节庆活动[③]。

---

① 10 things to know about Santa Fe. http://unesdoc.unesco.org/images/0018/001838/183837E.pdf.
② http://www.seouldesign.or.kr/eng.
③ 深圳公共文化指引. http://203.91.45.59/culture/index.asp.

8.3.4 创意设计与技术的密切融合

数字技术的快速发展改变了全球文化从内容到形式的方方面面。通过与艺术、文化和创意产业结合,数字技术既释放了个体的创意,创建了一个跨区域的文化共同体,也瓦解了传统的商业模型。一方面,数字技术随着媒体的联合能够覆盖整个世界,面向多样化的受众提供丰富到难以想象的内容;另一方面,文化又呈现出越来越多的定制化、个人化、用户生成化及本地化特点。同时,人们从更多地关注文化体验转向共同创造,文化受众变成文化参与者,文化消费者变成创造者,数字技术引发了创意设计产业的变革。安赫伊尔和伊萨尔指出,当技术产品为个体所拥有之后,将促进文化消费个体转变为创造者,从个人电脑和数码相机到移动电话,人类生活在一个越来越网络化的世界,在这里个人表达与沟通占据了重要位置[1]。

创意产业被认为是在现代互联网和电子信息等高新科技基础上发展起来的新兴产业。在现代创意产业逐步崛起的十多年间,每一项革命性创意设计产品,凭借的不仅仅是无形的、独特的创意灵感,更重要的是需要有形的、超前技术的支持才能得以实现。可以认为,创意产业的发展得益于信息技术等高科技的支撑。

首先,高科技促使以人为中心的、多样化的价值创新得以实现,多点触摸屏技术使得复杂的信息技术产品更为友好,工作、生活、娱乐、保健等需求的实现越来越容易,物理世界与虚拟世界的链接更加无缝、实时;其次,高科技改变了设计创新的流程与方法,产品设计、制造与消费可以在多个地点发生,创意设计资源的可及性及高效性达到了过去从未达到的高度;再次,创意设计与信息技术等高科技的融合,催生了新的创意模式,从产品创新、内容创新、平台创新到分布式共同创造,一路走来,创意设计从理念到资源的社会化合作与分享,也将原本以精英托付方式进行的创意创新转变为平民化和民主化创新,既为社会带来巨大的创意资源,也成为创意的主要推动力。

---

① Anheier H, Raj Isar Y. Cultures and globalization: the cultural economy [M]. London: Sage, 2008.

韩国的创意产业将信息技术与创意设计相结合,在内容方面获得了很大成功。以首尔为中心的内容产业集群紧跟内容产业的潮流,将内容创造与新技术的融合应用于视频游戏、动画及其他视听服务创意中。韩国的电视节目出口从1999年至2003年间创造了巨大价值,产值从1 270万美元提高到3 750万美元[①]。

深圳的设计产业建立在高技术基础上,2007年深圳高技术产品产值7 598亿元,半数以上企业拥有自主知识产权。软件行业拥有约14万名程序员,有9 000多家与软件开发相关的公司,创意设计与高新技术的密切融合进一步促进了城市创意设计产业发展[②]。

8.3.5 多元政策的引导与推动

政府在推动创意设计产业发展的进程中发挥了重要作用,这一点已经被许多国家的发展经验所证实,但各国的推动方式有所不同。相对来说,欧洲和亚洲的新兴国家更强调政府在创意经济中的作用,比如,英国专门成立了创意产业特别工作组,和英国文化媒体和体育部(DCMS)等机构一起积极参与到创意产业发展的各个环节中去[③];北欧国家的联合创新中心则站在地区的层面上对相关国家的创意产业发展制订统筹规划;新加坡也成立了创意工作小组,并设有新闻通讯及艺术部,以统一方式整体发展创意产业。而美国更强调自由的市场导向,政府主要为创意经济发展搭建良好的市场成长环境。前者的模式更适合我国这类催发型创意城市与设计之都的实际情况。

一般而言,制造业具有较强竞争力的国家非常重视设计,且拥有发达的创意设计产业。英国设有国家设计委员会,主持全国工业设计推进工作;韩国在亚洲金融危机之后,开始推动发展创意强国的进程,每年将相当于约3亿人民币的拨款额用于工业设计的展示、交流和评选工作,激励了成千上万的设计人员;日本则在通产省下设产业设计振兴会,专门负责创新设计国策的具体落实工作,每年颁布国家级"优

---

① UNCTAD. Creative economy report,2010[R]. UN(TAD),2010.
② 设计之都:深圳. http://www.shenzhendesign.org/.
③ Design Council UK. http://www.designcouncil.org.uk/.

良设计奖"(G-Mark)。国家设立专属部门，从政策层面推动创意设计的发展，将极大地促进制造业跃升，提高国家和地区的设计竞争力(见表 8.6)[①]。

表 8.6　2008 年国家或地区设计竞争力排名

排名	设计竞争力	平均分	普通公司对设计支持政策的满意度	平均分	设计公司对设计支持政策的满意度	平均分
1	意大利	134	芬兰	4.0	中国台湾	380
2	法国	132	中国台湾	3.8	日本	375
3	美国	126	印度	3.7	中国	372
4	德国	110	中国	3.6	德国	350
5	英国	109	英国	3.5	韩国	350
6	日本	108	巴西	3.3	法国	322
7	瑞典	101	丹麦	3.2	芬兰	320
8	韩国	99	韩国	3.2	意大利	300
9	丹麦	99	新加坡	3.1	新加坡	300
10	芬兰	95	意大利	3.0	英国	289
11	澳大利亚	94	瑞典	3.0	巴西	285
12	加拿大	93	加拿大	2.9	印度	283
13	中国	90	日本	2.7	加拿大	267
14	中国台湾	83	德国	2.6	美国	267
15	新加坡	83	美国	2.5	澳大利亚	267
16	巴西	80	澳大利亚	2.5	瑞典	229
17	印度	79	法国	1.8	丹麦	229

资料来源：KCUWN, National Design Competitiveness Report 2008。

英国政府的推进措施主要集中在支持创意产业从业人员技能培训、企业财政扶持、知识产权保护、文化出口扶持等方面，具体包括以下几方面：①加强创意产业的基础研究；②培养公民创意生活与创意环境；③重视数字化对创意产业的影响；④积极探索国际合作与交流；⑤为创意企业多方面筹措资金。

韩国 1998 年提出"设计韩国"战略[②]。制定专门法律法规确立"文化立国"的国家方针，从国家意志高度明确发展文化创意产业的方向，尤其注重对信息技术创意

① Woodham J M. Formulating national design policies in the United States：recycling the "Emperor's new clothes?"[J]. Design Issues，2010(2)：43.

② http://www. seouldesign. or. kr/eng.

产业如电子游戏、音乐及电子网络等新兴产业的支持,具体包括:①提供设备支持技术;②投入硬件基础的架设;③提供新创文化企业贷款,使得中小企业也能贷到资金;④立法保障文化产业的发展;⑤设立一系列的产业振兴院,协调各种产业之间的互动关联。

8.3.6 创意设计产业集群化和品牌化

设计与产业集群具有密切的关联性,韩国首尔的数字内容创意设计、英国伦敦的时尚设计业、意大利米兰的建筑与家具创意设计业等,都与地域产业结构及优势资源的构成与分布密切关联。欧美国家创意设计业对优质产业资源的黏着与互动形成了典型的马太效应,并在相应的产业界和创意设计界形成共同的品牌效应。除联合国教科文组织的设计之都之外,美国的纽约、英国的伦敦、意大利的米兰、法国的巴黎等都是更具影响力的创意之城和"设计之都",这得益于它们具有全球魅力的文化感召力,这些城市会开展具有品牌效应的创意设计节、时尚设计周等文化创意设计活动,提升和强化了这些城市创意设计的向心力、凝聚力和影响力。

创意设计产业所具有的渗透性、辐射性、高附加值的特点使它处于价值链的高端,从而表现出广泛的产业关联,形成创意产业集群。同时,创意产业集群也与任何产业集群的发展一样,都有逐步演化的动态过程,而且在不同的发展阶段,表现出不同的形式(见表 8.7)。原发型设计之都创意产业集群的形成来自设计产业与相关联产业之间长久的互动,以及政府适时的推动与引导。催发型设计之都则需要在初期由政府对于相关产业进行基础设施等方面的投入,随后集群不断成长,市场外向化,开放程度变高。当创意产业集聚到较为成熟的阶段,就能成为影响和带动周边地区发展的重要因素,其产业规模和效益将逐渐成为所在地区经济增长的重要支撑力量。此外,成熟的创意设计产业市场将促使城市创意设计品牌化,并通过与周边区域乃至国家之间的交流与融合,逐步影响并改变城市的创意空间结构。

表8.7　创意设计产业集群的演化过程①

发展阶段	定义	城市案例
生发阶段	在政府公共部门的直接政策干预和经济支持下,一些创意企业得以发展。比如,投入创意设计消费的基础设施建设、为中小企业提供融资便利、给予特殊津贴资助等政策	1. 英国的一些创意产业集群,如谢菲尔德产业集群等 2. 俄罗斯圣彼得堡创意产业发展中心 3. 韩国首尔数字媒体城市
成长阶段	出现了一些独立的创意企业,还有由原先政府资助的文化企业经过私有化改制后形成企业,但规模不大。本地创意企业的市场发育不健全,文化基础设施尚不算完备,依然可见政府机构的助推痕迹	1. 澳大利亚布里斯班创意区 2. 荷兰蒂尔堡流行音乐社区 3. 中国香港西九龙文化中心
兴起阶段	随着政府公共部门加大对文化基础设施的投入,创意企业的数量和规模不断增加,本地和区域市场得以扩张,并触及国际市场的文化消费	1. 西班牙巴塞罗那产品设计、建筑、数字媒体产业集群 2. 英国格拉斯哥产业集群
成熟阶段	在某些行业,大规模的创意企业成为集群的主导力量,对外可以开展成熟的业务。具有高度发达的国内和国际市场	1. 意大利米兰的建筑和家具创意设计业集群 2. 美国纽约时尚产业集群

上海的创意设计产业集群(园区)已经发展到非常大的规模,但后续发展也存在一些亟待解决的问题,如重形态、轻业态,重形式、轻内容,创意设计产业链环节不完全,专业化服务水平不高,同质化竞争激烈,管理规范不健全等,都是值得重视的。

8.4　国际设计之都创新建设与发展对我国创意设计产业建设的启示

8.4.1　加强创意设计产业的理论研究

中国进行设计之都建设、发展创意设计产业既是为了应对全球化挑战,也是自身发展的要求,既要遵循国际上创意设计产业发展的一般发展逻辑,也要承继我国改革和发展的特殊发展规律。这使得我国在学习和了解国外创意设计产业的理论与实践基础上,根据自身条件与定位建立自己的创意产业理论与实施路径成为必然选择。

原发性设计之都的创意设计产业发展始终保持着与关联产业的密切互动,因

---

① Foord J. Strategies for creative industries: an international review [J]. Creative Industries Journal, 2008(2): 100.

此,当代创意设计在从面向制造的设计到面向市场的设计再到以人为中心的设计发展过程中完成了从理论到实践的自然过渡与转型(见图8.3),各阶段在创意设计理论、方法及工具上具有明显不同。我国的创意设计直至改革开放才开始接触市场,同时又由于技术发展滞后,导致创意设计无法实现其为产品增值的功能。当欧美国家完成技术能力和市场能力建设并进入创意设计服务于人的价值的阶段时,我国的创意设计需要在艰难的技术与市场补课中应对国际市场的全面挑战。在这样一种境况之下,通过创意设计理论研究与实践探索寻找出适合我国创意设计发展之路是当务之急。

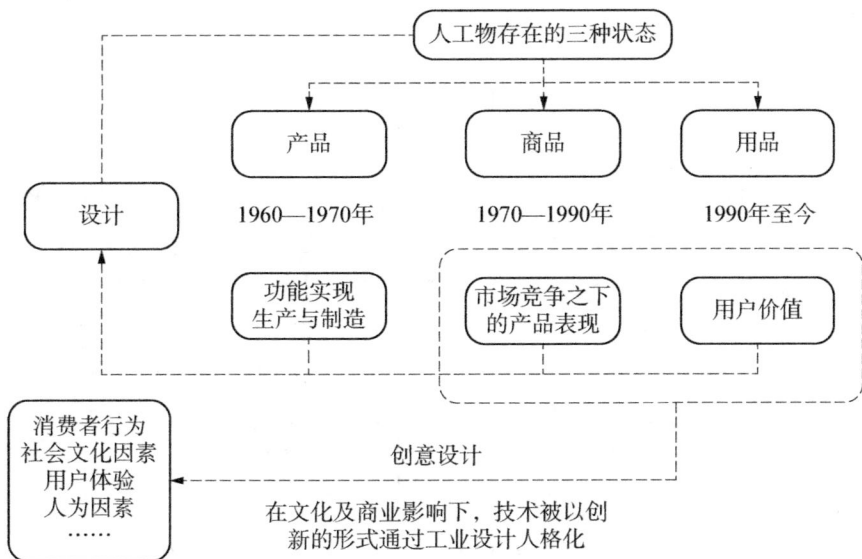

图8.3 创意设计发展的3个主要阶段及任务(本研究整理)

以创意设计理论与方法、技术、工具、系统、平台,以及流程、标准、规范、法规、管理等内容的研究为基础,进行创意设计专门人才,开发与形成创意设计相关工具,促进创意设计产业资源运作与管理系统的建设,以及面向多行业和跨行业的创意设计建设支持服务平台,为产业应用与发展提供创意设计支撑,以上应成为我国建设创意设计产业的一个工作轴线(见图8.4)。立足于这一轴线,进行创意设计理论与方法研究。具体内容包括:设计的共性理论与方法研究;交叉/互补的设计理论与方法研究;设计的技术基础研究,如法律、工程、电子等;设计的人文与社会基础研究,如美学、心理学、社会学、市场学等;创意设计对国家文化创意产业规划和重点发展的产业门类的介入与支撑研究;创意设计产业多层次人才研究,包括人才结构、人才培养、人才引进、人才管理等;创意设计的分布式资源管理研究,完善创意设计资源构成,促进资源的相互进入与融合发展,包括社会资源、企业资源、教育资源相互之间的资源互通与共享,建立一个服务于设计之都创意设计业的分布式资源网络服务平台。此外,创意设计研究还包括建立创意设计业相关标准与规范,促进科研、教育、创意设计知识产权与成果的产业化融合,等等。

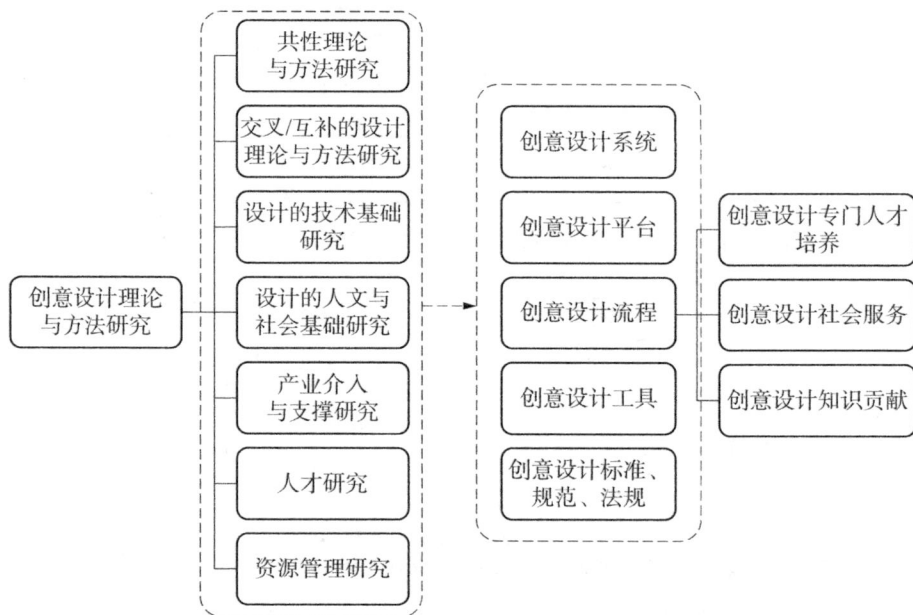

图8.4 创意设计研究框架(本研究整理)

8.4.2 加强艺术教育与创意设计人才培养

发达国家的创意产业无一例外地都是依靠具有创新性思维的人才发展起来的。美国、英国等发达国家都非常重视创新人才的培养,通过教育和培训培养全面的创新意识。

2010 年中国工程院"创新人才"项目组对中国创新型工程科技人才的需求态势进行了研究,提出我国对创新型工程科技人才的需求呈现出多样化,首次提出对3 类人才,即技术交叉科技集成创新人才、产品创意设计人才和工程管理经营人才的迫切需要;并从创意创新人才可持续发展角度,提出应在基础教育阶段加强创意设计教育,将创意创新理念融入基础教育中。还应该站在国家战略的高度,从培养创新型人才的目标出发,在法规、制度、培养体系等方面厉行改革,加大对中小学生进行科学、工程、设计理念与文化的熏陶,加强对中小学生创新理念、创新方法与创新文化的教育[①]。

作为创意设计的核心,设计学是涉及文学、工学、管理学和艺术学的一级学科,虽然归属于艺术学门类,但具有非常鲜明的交叉学科特征。长期以来,由于创意设计活动涉及的内容极为庞杂,对其设计实践及设计理论的研究多集中在具体的二级学科和专业方向上,这些学术研究成果(包括理论、方法和工具等)已经不足以支持国家与地方产业转型战略与政策的实施。这就需要将对设计学的理解提升到一个更为宏观的层次,艺术学升格为门类,设计学成为一级学科,既是学科发展的需要,更是国家发展战略的要求。因此,我国发展创意设计业、建设创意设计学科必须建立在上海乃至国家的相关资源构成和发展规划的基础上。创意设计学科的建设既要遵循学理,也应该响应社会与产业发展规划的现实要求。另外,寻求有效的途径解决设计学的学科体系与学术体系之间的矛盾,也将有助于大学更好地培养交叉学科的创意设计人才[②]。

8.4.3 加强创意生态建设

约翰·霍金斯的创意生态理论认为创意生态系统至少包含 4 个内容:创意经济环境条件、生产者、消费者、分解者。他认为,脱胎于"以物为本"的传统经济生产

---

① 中国工程院"创新人才"项目组. 走向创新:创新型工程科技人才培养研究[J]. 高等工程教育研究,2010(1):1-19.
② 张法. 艺术学在中国的体系性混乱[EB/OL]. (2007-11)[2019-01-12]. http://www.aesthetics.com.cn/show.aspx? ID=1074&cid=46.

关系,已经不适应当前"以人为本"的创意经济生产力发展的要求。

在创意设计环境中,创意设计方、创意结果生产方和创意设计支持方(他们提供了创意及实现工具,如软件、设备等)共同构成了创意设计活动的主体,创意结果需要消费,创意结果的形成需要环境,创意消费的分解依靠城市社会本身。政府作为城市管理者是创意设计生态环境的监护者,也需要在某种情况下承担干预者的角色(见图 8.5)。

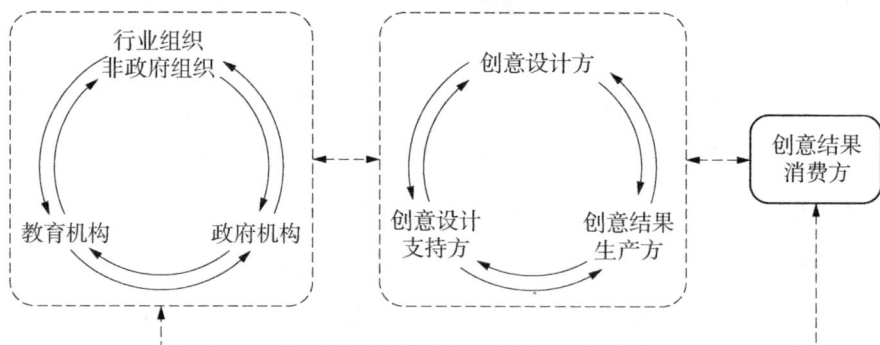

图 8.5 创意设计环境(本研究整理)

从"创意生态"三原则,即"人人都有创造力、创造力需要自由、自由需要市场"来分析,城市个体的创造力价值的体现是需要多重条件准备的。如果从发展可持续的创意产业的角度去看待创意设计产业,我国不仅需要进行创意设计能力的建构,也需要同时进行创意设计消费市场的建设与培育,使得创意产出与消费、分解得以平衡并持续均衡发展,还更需要一个优良的创意环境加以支持。

1. 加强创意设计价值的公众认同和培育设计消费市场

"山寨现象"之所以在我国泛滥,除去市场消费能力因素外,我国经历过物资匮乏所形成的过于追求"优质廉价",以至于产生"廉价优先"的消费理念,也使得创意设计价值不被市场认同。[①] 日本与韩国也都曾经历过类似阶段,在韩国"设计立国"

---

① 山寨现象是一种发展中国家市场经济发展的必然现象,其具体内容是山寨产品。山寨产品往往出现在市场培育期的发展中国家中,由一些有智慧头脑型的民间人士所创造的,为满足那些受消费能力限制的群体对某种其认同、欣赏的产品(包括文化产品)的消费欲望,或者因为市场存在着的一种固有的产品因为长久没有创新和换代,而通过"复制、模仿、学习、借鉴和创新改良"的方法,推向市场的一种"快速、满足平民、适销对路、具有多功能性低价位"的品牌产品。

的理念下,首尔市政府通过一切可以利用的媒介向社会传播"设计消费"观,提升健康消费意识,使得首尔市民形成"购买产品即是购买设计"的消费理念,市场的需求进一步促进了首尔创意设计业的迅速发展。

2. 提高设计创意活动的市民参与度

以设计之都——神户为例,市民参与是城市发展的重要社会基础,也是建设创意城市的主要理念。1995 年"阪神地震"后,居民积极参与城市重建活动,这种情况也延伸到神户"设计之都"的建设中。现今,设计已融入神户市民的日常生活中,"神户设计日"作为一项重要活动已成为市民广泛参与设计活动的重要载体。早在20 世纪 70 年代,神户就开始酝酿发展设计产业,经过几十年一系列的努力,如举行全球性的体育赛事、博览会等,以及逐步完善"设计之都"规划建设战略,使得设计价值意识在市民心中根深蒂固,也成为形成城市创意设计生态的重要元素。

3. 完善知识产权保护体系

创意设计产业中的价值存在得益于知识产权保护,产业发展必须要有健全的知识产权使用和保护体系,包括相应的法律法规作保障。若没有知识产权的保障,创意产业的发展就失去了持续发展的动力。另外,在全社会形成保护知识产权的良好氛围,加大对侵权、盗版行为的打击力度,也将有利于刺激创意设计产品的生产和消费。

8.4.4 从创意生态建设的角度进行政府角色定位

我国的设计之都大多属于催发型,政府在设计之都建设、创意产业发展中发挥了至关重要的作用,既是创意产业的"勾画者",也是创意产业的"填充者"。但创意产业中的产业与工业经济时代的产业,在产业规律、底层经济理论和很多其他方面是不同的,将其他产业发展中的条块分割式产业发展方法套用于创意产业之上是不适合的。创意产业需要自主生长的环境,需要调动从业者的创意热情,因而勾画创意生态应是制定文化创意产业政策的重要目的,而鼓励创意产业的政策在现实当中也许会有负面作用。因此,应重视在创意产业发展中维持政策的驱动力与约束力之间的平衡,致力于维护良好的创意生态,而不是干预某一具体产业内容的发展,创意设计产业政策应变"定点扶持"为"生态化培育"。

8.4.5 对创意设计产业实施合理布局与建设

1. 设计之都建设应服务于国家对产业的总体布局

在全国范围内对创意设计产业实施合理布局。创意设计产业也具有一般产业特征。由于我国经济发展不平衡,不是所有地方都有条件向产业链高端升级,因此,在相当长的时期内,我国的大部分地区还要从事"中低端"加工制造,只有这样,才能将真正有条件的地区的创意潜力解放出来进行产业升级。发展创意产业,一是要考虑区位优势、资源优势、产业基础和环境优势,特别是人才的储备;二是要根据地区或城市的实际发展需要,围绕建设创新型城市的要求来规划创意产业的发展蓝图,并使之与提升城市形象、增加吸引力和凝聚力以及建设和谐社会结合起来。

2. 确立创意设计产业的切入点和重点发展的设计产业领域

创意产业要有独特的产业定位,需要具备差异化发展的思维理念。通过比较优势的原则选择创意设计产业的切入点,如有的地区适合发展以家具为中心的创意产业,有的地区适合发展以 ICT 为基础的创意产业。特别是在文化创意产品领域,需十分重视文化安全与创意设计中的中国话语,充分发挥我国文化与历史底蕴深厚这一优势,将发展创意设计产业的思路放在传统文化与创意设计的有机结合上,利用数字技术对传统文化进行传承与创新,将丰富的传统文化和历史元素进行提炼,并结合鲜活的当代文化内容,使之升华到创意文化产品,从而向国际市场展示中华文化的独特魅力与时代风貌。

8.4.6 从创意设计产业集群建设转向创意设计知识集群建设

创意设计是一种知识服务活动,以知识为基础,以获取新知识为中心,依赖分布式的资源环境。创意创新是现代设计的灵魂。所以,创意设计的过程可以看成是知识在设计的各个节点和各个相关方面之间的流动过程。在设计从服务于人的基本生存到实现商业和文化价值的演化过程中,知识构成及内容对创意设计产出及其成果意义形成了越来越大的影响。创意设计产业群落在自然集聚或在干预之下形成集群,并完成物质资源基本建设,之后知识资源取代物质资源成为创意设计产业品质提升的主要诉求。

第 9 章

设计产业的区域布局

9.1 各区域设计产业发展现状及优势

我国设计产业区域发展态势正在形成,东部地区已经开始率先借助创新设计的资源优势促进产业升级和经济发展;中部许多核心区域和城市借助创新设计实现经济崛起已成为趋势;西部进一步借助创新设计深化和扩大开发;东北地区借助创新设计振兴老工业基地的探索和试点已经逐步展开。以区域发展总体战略为依托,通过促进区域创新设计能力发展的政策设计与安排,完善区域发展机制,展开创新设计能力建设的区域布局,引导区域在创新设计资源上的协调、协同和共同发展,缩小区域发展差距,将有助于支持东部地区率先发展、促进中部地区崛起、深入推进西部大开发、大力推动东北地区等老工业基地振兴等目标的实现。

9.1.1 基本形成环渤海、长三角、珠三角三大创新设计产业带布局

我国设计企业普遍成立不足 10 年时间,但已经从基于工业设计的创意产业逐步拓展到基于创新设计的创新产业,并发展了众多服务于产业转型升级的"产学研媒用金"相结合的创新资源平台,基本形成环渤海、长三角、珠三角三大创新设计产

业带布局。

近10年来,在国家、北京市和区级三级错位互补、多角度鼓励创新创业的政策支持体系逐步完善的基础上,通过对政府推动机构、设计研发机构、设计设备服务机构、高等院校和咨询机构及设计产业联盟等创新设计资源的整合,北京不仅培育了长城华冠、北京洛可可、阿尔特公司等著名的创新设计企业,而且在京企业如联想集团、华旗资讯等均设有独立设计部门。一批国际知名的技术转移、知识产权服务机构加速向创新设计核心区聚集,相继涌现出创新工场、车库咖啡等创新型孵化器,形成了以科技企业孵化器、大学科技园、留创园、新兴产业孵化器、高端人才创业基地等为载体的创业服务体系,服务涵盖投资、孵化、培训、联盟、媒体等各个环节,服务范围也覆盖项目发现、团队构建、企业孵化、知识产权服务、后续支撑等全链条。

上海是我国创新设计最为活跃的地区,大力推动设计创新是促进上海产业实现"创新驱动、转型发展"的必由之路。上海引导设计产业在重点产业基地和工业园区里面提供相应的配套布局,充分发挥示范基地在培育发展战略性新兴产业,大力推进高新技术产业如大型客机研发、商用发动机研发、上海国际汽车城汽车研发中的载体和平台作用。上海已形成环同济创意产业集聚区、环东华创意产业集聚区等一批面向工业设计、建筑设计、时尚设计的主体性园区。

浙江以优势制造业需求为导向,以科技创新为动力,以产品创新设计为核心,加快行业设计中心、公共服务平台和创新环境建设,加强设计创新和成果推广应用,培育创新设计产业。2011年,浙江省积极以设计为引擎,推动块状经济向现代产业集群转变,省政府近三年来每年以1个亿的资金支持海宁皮革产业设计基地(嘉兴)、永康中国五金工业创意设计中心(金华)、台州市黄岩区模塑工业设计基地(台州)、义乌市工业设计中心(义乌)等12个省级特色工业设计示范基地和60家省级工业设计中心的建设。

珠江三角洲是中国有名的制造业基地。制造业的蓬勃发展为设计服务业的良性发展提供了条件。以深圳为例,其工业设计占领了全国60%的份额。2014年创造经济价值逾千亿元。深圳因为产业配套和硬件优势成为全球创客关注的"创客之城",为了不断向产业链和价值链高端环节发展,深圳创新设计与制造业各个环节加强融合对接,不断创新"设计科技""设计时尚""设计品牌"等商业模式和盈利模式,机器人、虚拟现实、智能硬件等也已成为深圳实施创新设计的重要的新兴领域。深圳通过创新设计带来的产业增加值超过千亿,成为国内最具创新活力的城市。

9.1.2 四大板块相关区域

1. 东部地区

东部地区设计服务业繁荣、创新设计所服务的产业门类广泛、创新设计资源丰富、服务产业能力增强。东部地区是我国经济最发达、人口最稠密、工业化人口最多的地区,已经产生了一批特色明显的以创新为发展战略的城市,初步形成以特大城市为中心、多层次、功能互补的创新设计资源体系。以沪、苏、浙三省市为代表的长三角地区文化积淀深厚,教育发达,对外开放程度高,现代制造业历史相对悠久,创新设计无论在文化创意产业还是在现代服务业,都有着较好的生存和发展土壤。东部地区拥有众多以工业设计等创新设计相关专业为先导的高等院校,形成了符合中国国情的创新设计理论与方法,为创新设计理论服务于国家创新战略培养了大批的人才。

上海历史上制造业的优势,使创新设计作为文化与科技的融合深入人心,其丰富的教育资源结合高度国际化的城市环境,为创新设计奠定了良好的发展基础。近年来,上海实施了对创新设计资源和能力建设的全面布局,已经成为高端设计资源的集聚地,成为辐射和服务全国设计产业发展的核心驱动源;苏、浙两省因制造业的强劲需求以及生产性服务业自身发展的需要,大力倡导发展工业设计,并以丰富的政策安排推动了以工业设计为创新手段的制造业的转型升级。浙江省在工业设计促进政策制定、公共服务平台建设、扶持资金数量、产学研合作、相关产业融合、设计资源引进、专业人员评价等方面走在了全国的前列。得益于"设计市场"的建设与完善,浙江省工业设计在产业、学术和能力方面提升迅猛,在全国的影响力日益扩大。

2. 西部地区

西部地区重点领域的创新设计已经对产业增长发挥支撑作用。自西部大开发战略实施十余年来,西部地区经济依托丰富的自然资源、国家发展政策而发展迅速。以创新驱动的方式来转变经济发展的方式、促进经济发展是西部地区创新设计建设与发展的主要动力和目标。基于功能定位下西部工业化发展模式和经济发展重点区域的选择，西部地区的创新设计能力建设以重点网络化、生态型开发为发展理念，在综合考虑自然、经济、行政区划、社会历史文化传统等因素的基础上，已经初步发展出结构合理、规模适度、产业关联、具有鲜明特色的创新设计产业。

西部地区借助创新设计产业发展区域经济具有鲜明的地域特色，如创新设计依托资源丰富的地源优势、历史文化优势、民族资源优势，多种文化元素的交融和沉淀，以及保留完整的文化独立性特征，已经成为西部地区发展形态多样的文化产品、挖掘经济价值的重要路径。

西安、成都等城市的高等院校及科研机构集中，具有丰富的人才储备，是西部地区依托创新设计培育和发展产业经济的优势所在。随着新一轮西部大开发战略的实施，这些地区通过利用深厚的自然资源、文化资源和人才资源的特点和优势，借助创新设计能力建设积极发展新兴产业，提升自我发展能力，从而实现本地区经济发展的质的飞跃。

3. 中部地区

中部地区制造业领域的创新设计已经具备显著特色和规模。中部地区地处内陆腹地，区位优势十分明显，起着承东启西，接南进北，吸引四面辐射八方的作用，在全国地域分工中扮演十分重要的角色。中部地区崛起的战略的实施，已经为中部地区进一步扩大开放和承接产业转移、促进工业发展带来了巨大发展机遇。中部地区以重工业为主导型产业，产业结构特征明显，工业基础厚实，已经形成了一批具有显著优势的产业支柱。中部地区也是对创新设计需求最为旺盛的区域之一。

4. 东北地区

东北地区装备制造业创新设计基础扎实，汽车等重点产业创新设计发展迅速。东北地区有着悠久的工业化历史，自改革开放，特别是 20 世纪 90 年代以来，由于种种原因，其经济发展相对落后。东北地区在国家振兴东北老工业基地的政策指导下，发挥创新设计的引领性作用，通过大企业创新设计能力的建设在带动产业集群转型升级中发挥核心作用，并以此促进大企业与周围中小企业的垂直性分工协作，创新管理思维、提升产品竞争力，在东北众多产业集群的升级发展方面发挥了重要作用。2014 年，沈阳机床集团开发连续 5 年，累计投入逾 11 亿元研发的世界首套具有网络智能功能的 i5 数控系统及智能功能机床实现批量生产，攻克了 CNC 运动控制技术、数字伺服驱动技术等核心底层技术，依托互联网实现智能校正、智能诊断、智能控制、智能管理等功能，实现了工业化、信息化、网络化、智能化、集成化的有效集成，开启了沈阳机床集团发展的新时代。

9.1.3　三大战略相关区域

1. "一带一路"两个核心区

"一带一路"两个核心区的创新设计资源分配不均，基础相对薄弱，服务产业能力亟待提升，无论是力图建成区域性交通枢纽中心、商贸物流中心、金融中心、文化科教中心和医疗服务中心，建成国家大型油气生产加工和储备基地、大型煤炭煤电煤化工基地、大型风电基地和国家能源资源陆上大通道的新疆，还是建设"一个枢纽、六个平台和三个基地"的福建，在创新设计能力准备和资源建设方面都不够充分。从其作为在"一带一路"建设中担当国际合作的"试验田"、为"一带一路"沿线国家和地区提供示范、引导和服务的职能看，新疆和福建在大力建设创新能力，规划创新、治理创新和制度创新方面还有许多工作要做。

2. 京津冀地区

京津冀地区形成了创新设计交流、协作与共享平台，在传统制造业、战略性新兴产业、现代服务业等重点领域开展创新设计示范，推广应用共进设计技术，加强设计共性关键技术研发。

北京作为"设计之都"，能够提供源源不断的产业，以及工业制造等多种行业的前端、上游的设计创新，其上游和前端建在北京，但生产加工制造业部分基本外移。天津作为研发创新基地，将更多地承担中试转化、高端精密制造与建立国际市场平台等任务。河北省基于自身的资源优势，逐步建立现代智能化生产制造体系，提高承接高端化、个性化、定制化设计产品的加工制造能力。由此，打破了当前三地发展中难于逾越的资源短板问题，形成优势互补的格局。

3. 长江经济带

长江经济带创新能力发展不均衡，东高西低现象较为明显，长三角城市群的创新设计较为成熟,向周边区域拓展辐射能力较强,而长江中游城市群和上游成渝城市群创新设计资源分布不均,两极分化化现象明显。

长江经济带战略是中国新一轮改革开放转型实施的新区域开放开发战略,横贯中国东、中、西三大区域,共 11 省市。长江经济带是中国创新驱动的重要策源地,对外开放程度高,创新资源丰富,但区域发展不平衡、自主创新能力不强、中低端产业比重过高等问题也较为突出。根据长江经济带的区域划分,11 省市在科技创新中面临的机遇和挑战不尽相同。在创新设计能力建设方面,长江上游省市在产业创新方面的协同效应还不显著,创新创业门槛偏高,创新创业服务模式有待完善;作为承接下游地区产业转移的主战场,长江中游省市在充分发挥湖北荆州、湖南湘南、江西赣南等国家级承接产业转移示范区作用方面有许多不足之处,缺乏与定位相匹配的各类创新设计功能型平台;高端产业、科技资源、人才要素均突出的长江下游省市在创新发展中的牵引示范作用还需要进一步发挥,借助创新设计促进科技成果转化的力度应进一步加大。

2014 年至今已经形成以"一带一路""长江经济带""京津冀"三大战略为统领的若干创新设计产业联盟。2014 年 10 月 11 日成立的中国创新设计产业战略联盟,以提振全社会对设计的科学认知,提升创新设计能力,建设创新设计文化,推动实施国家创新驱动发展战略为宗旨,探索在市场经济体制下,通过联合创新设计产业领域成员单位,整合资源,搭建创新设计多元化平台,在中国工程院等有关单位与部委的指导下开展工作。联盟成员涵盖了航空、航天、高铁、造船、车辆、化工、电力、重工、家电、信息网络、物流、设计服务等众多行业。联盟的服务对象分布在珠三角地区、长三角地区、京津冀地区、成渝地区、环渤海地区等。

2015 年 9 月成立的京津冀经济区创新设计产业联盟以促进京津冀地区制造业的深度合作和区域经济的协同发展,提高京津冀地区创新设计水平为宗旨,以京津冀地区的制造业的升级转型为导向,以产业链、创新链、服务链、资金链"四链融合"为目标,是综合筹划京津冀设计产业布局的重要举措之一。

2015 年 6 月"海上丝绸之路"创新设计产业联盟是中国创新设计产业战略联盟下属的区域联盟。联盟涵盖了中国、英国、荷兰、意大利、韩国 5 个国家和中国香港 1 个地区。联盟以"一带一路"发展为契机,通过整合"产学研媒用金"各方力量,致力于推广"海上丝绸之路"文化与设计大数据基础研究,提升联盟区域内创新设计能力,对促进"一带一路"创新设计的升级、推进"海上丝绸之路"沿线区域的创新设计发展,推动"中国制造"向"中国创造"发展起到积极的作用。

9.2 区域发展存在的主要问题

9.2.1 区域定位不明确,存在同质化竞争

我国幅员辽阔,不同区域资源差异巨大,这就决定了各区域发展创新设计需要有差异化布局和全局协调。从各个区域经济整体发展情况看,东部地区是我国国民经济的主体,面临产业结构升级,承接国际高技术产业转移的任务和挑战,也有产业雷同的问题。中部地区近几年发展速度落后于东部和西部,西部地区近几年快速发展。当前,各地区展开的创新设计能力建设,缺乏在兼顾创新设计的共性特征的基础上,结合区域在资源集聚、产业集群和区域经济发展方面的特色的建设思路与原则;缺乏以不同区域的市场需求为导向,兼顾国内市场和国际市场,以多样性为形态,发展不同特点的创新设计能力与优势的理念;缺乏将优化制造业区域布局、区域协调发展作为创新设计能力建设的主要依据的意识。这些导致了企业由于研发能力不足而形成的产品同质化,由于目标市场不明而形成的营销同质化,由于观念创新不够而形成的服务同质化,由于品牌意识不强而形成的形象同质化,由于管理体制不灵活而形成的架构同质化。加上地区分割严重,创新设计要素资源难以得到优化配置,以国家总体协调和区域联动为核心的机制未能得到有效实施,因此创新设计生态系统的建设困难重重。

9.2.2 产业内创新设计资源建设重叠,重复建设问题严重

近年来由于存在急功近利、盲目跟风和相互攀比的思想,创新设计产业也开始面临重复建设和过度竞争的问题。继以彩电、冰箱等家电制造业和汽车、钢铁等生

产线为标志的两轮重复建设后,以电子信息、新材料、生物医药工程为代表的第三轮重复建设正在我国凸显,相关产业风险也加速集聚,高新技术领域的低水平重复建设和低层次恶性竞争加剧。创意设计产业也是如此,不少产业园区的功能和定位不清晰,重复建设严重。大多数产业园区遵循政府导向的模式,盲目跟风建设,缺乏"领军式"的企业,缺乏特色,势必造成集群的资源分散和产业的恶性竞争,最终不利于创意设计产业的健康发展。

9.2.3　创新设计相关基础设施在地区间的发展差异显著

伴随着中国经济高速增长,中国的创新设计相关基础设施建设也有了很大的发展。创新设计相关基础设施包括现代设计所需要的基础技术装备、知识资源等,例如必要的计算机及周边设备和软件,以及提高设计质量与效率的先进设施,包括CAD、CAE 和 CAM 等机构设计与性能分析和仿真软件、三维打印机、高精度三位扫描仪、虚拟现实和增强现实等设计呈现设备,及现代设计所需要的特定空间和场所,等等。由于这些基础设施建设需要投入大量的资金和人才,除了企业根据自身能力和需要自行投资建设之外,不同区域也根据自己的能力和产业发展需要建设了许多公共研发设计平台,为区内相关主体提供了创新设计基础设施服务。但是各区域在这方面的投入差异巨大,直接影响了区域内产业研发能力的提升。

9.2.4　地区间开展创新设计合作的障碍较多

区域产业结构同质化限制了地区间创新设计产业合作和跨区域转移的开展。目前,许多区域产业结构在动态的发展演变过程中表现出了某种相似或共同倾向,产业结构呈现出高度同质化的特征,抹杀了合理的劳动地域分工,阻碍了产业跨区域转移和升级。另外,金融服务层次不高制约了区域产业梯度转移与产业合作。一是对产业升级中的创新设计和科技研发资金支持不够,二是风险投资培育功能的弱化延缓了产业转移和产业合作的进程,三是股票市场促进产业升级优化的效率不高。并且,制度规范化缺乏和制度强制力偏弱,也束缚了区域创新设计产业合作的深入开展。当前的区域产业合作主要是以协议为主的制度建设,其协议的执行多以自愿性为原则,协议的有限强制性来源于相互间的信任、内部压力机制和评价机制。这种非国家强制力的协议对执行不到位或违反协议的行为,有根据政府协议获得司法保护的权利。

9.2.5 设计资源聚集区空间开发无序,发展模式传统,服务功能提升缓慢

以创意设计产业园为例,创意设计产业园的形成和发展对产业的发展具有重大意义,但目前国内创意设计产业园的建设存在着空间开发无序,发展模式传统,服务功能提升缓慢等不少问题。首先,各地将发展创意设计产业园作为集群发展的唯一模式。实际上,产业园区只是创意设计产业的发展模式之一,但目前其他发展模式尚未形成。单一的园区发展模式在一定程度上带动了创意设计产业的发展,但这种模式存在着一定的缺陷。作为一种静态的竞争力,它们与园区外部及其他行业的互动性较差,促进效果有限。其次,不少产业园区的功能和定位不清晰,重复建设严重,产业形态相似,势必造成集群的资源分散和产业的恶性竞争,最终不利于创意设计产业的健康发展。除此之外,产业园区的集聚效应不明显。园区内集聚的创意设计类企业数量少,企业之间的关联度低。创意设计产业园区局限于地理空间意义上的集聚,而非产业集聚,没有形成完整的产业链。同时,不少开发商主导型的创意设计产业园区迫于盈利的压力,放宽园区的进入门槛,允许一些非创意设计类企业进驻,这将导致园区内创意设计生态环境被破坏,起不到产业集聚发展的效果。

9.3 未来布局

中国的社会经济区域发展不均衡,发展模式差异化明显,即便是同为经济发达地区的长三角、珠三角和京津冀地区,其产业结构和产业特征也呈现显著差异。沿

海发达地区和中西部地区的发展水平更是有天壤之别。因此,不同区域的创新设计发展,应该有不同的战略定位。要根据我国资源集聚、产业集群特色和区域经济发展的比较优势,促进跨区域、跨产业的创新设计资源要素的整合与优化配置,发挥大企业的引领带动作用,激发中小微企业的创新活力,形成优势互补、错位发展、协调并进的发展格局。

9.3.1　四大板块相关区域

1. 发挥东部沿海城市的引领作用,形成国际创新设计优势

东部沿海地区城市拥有丰富的资源优势和创新设计先发优势,在立足国家战略和区域发展要求的基础上,通过提升能力,充分利用国内和国外资源以及国内和国外市场,加快创新转型调整。赋予北京、上海、深圳等经济发达、人才汇聚、产业结构合理的地区跨越引领的责任,使这些地区在通过创新设计推动新技术、新模式、新业态、新产业的发展,优化自身创新设计能力,形成国际创新设计优势的同时,以"东"带"西",积极发挥面向全国的辐射带动效应。

(1) 进一步提升重点产业领域的创新设计能力。通过发展战略性新兴产业和现代服务业的创新设计,推动公共服务和生态环境领域的创新设计,利用创新设计改造和提升传统产业。通过创新设计提升关键技术创新、系统集成创新、服务模式创新的能力,形成具有自主知识产权的新产品、新材料、新工艺。在战略性新兴产业、现代服务业、传统制造业的重点领域实施创新设计示范工程,培育一批具有创新设计能力、掌握关键核心技术、拥有自主品牌的世界著名企业。

(2) 加强设计共性关键技术研发。攻克信息化设计、过程集成的设计、复杂过程控制系统设计等共性技术;发展绿色、智能、个性与定制化、服务和品牌设计等关键技术。研发用于智能产品、智能制造、智能管理及大数据挖掘领域的设计工具,以及云计算、虚拟仿真、智能控制和嵌入式操作系统等软件。加快形成东部沿海地区创新设计的国际竞争优势。

(3) 积极发挥面向全国的辐射带动效应。通过展开创新设计理论、方法、系统、工具、平台、资源的研究与开发,进一步提升东部沿海地区创新设计资源优势;

加快构建以企业为主体，市场为导向，政产学研媒用金协同的创新机制；建立创新设计竞争力评价指标，完善知识产权保护法规；通过实施技术与管理服务，助力其他区域创新设计能力的提升；发展各类创新设计教育，促进国际交流，构建创新人才体系；建立健全东中西部地区人才互动与交流机制，为其他区域创新设计人才培养与引进提供制度保障。

2. 鼓励中西部城市通过创新设计带动经济跨越发展

(1) 充分发挥创新设计的"跨越引领"作用，以推进新型工业化为突破口，促进中部地区工业发展，通过发展设计创新型、科技创新型、经济效益型、环境友好型的新型工业化道路，实现中部崛起。

(2) 加快以武汉为龙头的创新设计区域核心城市建设，重点发展电子信息、新材料、先进制造技术、生物医药四大高科技产业领域的创新设计，大力发展沿京广铁路和长江两大纵横经济带所构成的"十字形"经济。促进长沙、合肥、郑州、南昌等高新开发区的创新设计能力建设，探索创新设计在加快形成中部区域市场一体化中应有的作用，促进以汽车为首的机电制造业，以钢铁为重点的材料工业，以水电力为重点的能源电力工业，以农产品深加工为重点的轻纺制造业，以房地产、商贸、物流等为特色的第二产业的大规模、集成化发展，促进支撑中部经济的五大支柱产业集群形成，发展循环经济、延长产业链、提高产品的附加值。

(3) 加强设计创新与科技创新的结合，重点研发高新技术，立足西部优势资源，培育一批特色产业，通过在钒钛资源等优质资源的综合利用关键技术上的攻关，形成具有国际竞争力的创新成果和产品。

(4) 加强西部地区特色产业如农业科技与中医药科技的创新与产业化和产品化转化，重点开展优质、高产、环境友好、节本高效的特色农业产品和基于有效成分的、疗效确切的、质量稳定的中药新药及相关产品的研究与开发。借助创新设计，大力开发和应用新工艺、新流程，拓展农产品的产业链，借助服务设计等新的创新设计理念和方法，提高产品全生命周期品质和产品体验，改善食品安全，促进社会稳定。

3. 支持东北地区装备制造业发展和资源型城市转型

(1) 促进东北老工业基地服务区域转型的能力提升，加强汽车企业通过产品战略和品牌战略与消费者需求的有效对接。发挥政府在区域协作中的作用，建立和完善产业集群跨域支撑体系。发挥区域协调作用,帮助产业突破省级行政区划的限制,在更大范围内建立和完善产业集群支撑体系。积极鼓励本地汽车企业与国内外汽车企业进行多种形式的跨区域、跨国联合,完善产业集群创新激励机制,实现汽车产业向全球产业链的嵌入。

(2) 努力构建社会公共创新设计平台和汽车产业集群技术创新平台,完善传统产业创新平台、共性关键技术平台和公共服务平台建设,继续加强公共产品投入,营造良好的产业升级软环境,以切实发挥其在产业集群升级过程中的服务功能。引导企业提高技术水平、扩大规模,加大对产业集群创新方面的投入,采取措施抑制技术溢出效应的反向作用,鼓励集群企业之间的知识和技术保持一定的异质性和创新活力,推动产业集群的升级发展。支持行业协会等相关服务机构的发展,发挥行业协会的中介作用,完善行业内的产品设计和生产、使用标准和法规体系,制订严格的产品设计质量、制造质量和服务质量体系,为产业升级发展提供有力的保障。加大公共产品投入,改善公共服务环境。

(3) 深化工业企业与高等院校的合作,鼓励高等院校通过创新设计服务于东北老工业基地的升级转型。打造东北老工业基地自己的人才基地、研发基地、技术信息平台、咨询服务中心和金融服务中心等,使相关产业集群能够全面利用东北老工业基地雄厚的人才、科研、信息及金融服务等条件,快速实现产业转型与升级发展。

9.3.2　三大战略相关区域

1. 加强创新设计为"一带一路"沿线国家和地区提供服务

推进"一带一路"建设,在全面开展新疆和福建的创新设计能力建设的同时,充分发挥国内各地区的优势,以创新设计为手段,落实积极、主动的开放战略,加强东、中、西在经济、文化等领域的互动合作,消除区域发展不平衡,通过产业结构调整实现传统制造业和新兴产业的合理转移,全面提升开放型经济水平。通过创新设计落实"一带一路"的"走出去"倡议,从卖中国产品,到研究当地工程环境、社会环境、法律环境和人文环境,提出创新的解决方案、工程整体规划设计计划、投融资模式、成本控制和利益分享模式等,进一步提升中国经济融入世界经济的能力。

2. 在京津冀交通一体化、生态环境保护、产业转型升级等重点领域展开创新设计探索

（1）以建设完善、快捷的轨道交通系统为手段，展开交通一体化方面的设计创新与探索，优化以北京为中心、放射状的京津冀交通网络框架，改良京津冀协同发展的基础和条件。

（2）在技术创新的同时，结合设计思维，探索解决大气污染、水环境污染等"城市病"治理难题的整体解决方案，突破行政区划和条块分割的掣肘，通过构建立体环境监测系统和调整产业能源结构，以及实现生产生活全过程减排，着力突破复合性污染形成的条件，实现京津冀生态修复与环境改善的目标定位，保障京津冀的可持续发展。

（3）产业协同发展是京津冀协同发展的实体内容和关键支撑。京津冀区域具有较好的产业协同发展条件，结合北京创新设计人才资源的引领作用，天津制造业创新设计转化作用，以及河北在创新设计产业化方面的潜力，通过协同发展打造新的增长点。在区分资源、环境、产业基础等条件差异的基础上，合理利用创新设计，促进京津冀差异化发展，推动产业在区域间的合理布局。

3. 加强长江经济带创新设计能力建设，切实提高区域协调发展能力的新格局

（1）完善区域创新体系，加快推动区域创新资源引进和整合，促进创新资源流动和创新成果交流。加强上、中、下游合作，统筹协调各区域的技术创新主体，建立共同参与、利益共享、风险共担的产学研用协同创新机制。创建具有国际竞争力的创新设计资源集聚区，系统推进上海、安徽（合芜蚌）、武汉、四川（成德绵）的全面创新改革试验，研究推动国家自主创新示范区布局。

（2）推动产业技术创新平台建设，加强统筹规划、共建共享，布局一批面向未来、技术先进的国家创新设计平台。完善和新建一批区域制造业创新设计中心，建设和完善一批面向企业的公共创新设计服务平台。加强企业设计中心建设，继续培育和认定一批企业设计中心和设计创新示范企业。实施"创新企业百强工程"试点，面向重点行业和领域提升骨干企业创新能力。促进创新设计基础设施和知识成果向社会开放，实现跨机构、跨地区开放运行和共享。

（3）加快创新设计成果转移转化，支持骨干企业联合高校、科研机构、行业协

会组建创新设计战略联盟,探索建立长江经济带创新设计成果产业化试验平台、交易网络平台、创新设计转移中心和知识产权交易中心。加快创新设计新思想、新技术、新产品的示范应用,完善创新设计成果转化资金保障机制,开展重点产业专利布局。

（4）激发社会创新创业活力,构建大众创业、万众创新良好氛围,培育开放式创新创业生态系统,促进创新设计成果与市场需求及资本的有效对接。充分利用移动互联网、云计算、大数据、电子商务等新技术新模式,降低全社会创新创业门槛和成本,推动将互联网创新创业纳入国家创新和就业体系。

参考文献

［1］郭雯、张宏云. 国家设计系统的对比研究及启示[J]. 科研管理,2012(10)：56-63.

［2］厉无畏. 迈向创意城市[J]. 上海经济,2008(11)：28-33.

［3］刘国余. 设计管理[M]. 2版. 上海：上海交通大学出版社,2007.

［4］刘平. 国外创意城市的实践与经验启示[J]. 社会科学,2010(11)：26-34.

［5］路甬祥. 设计的进化与面向未来的中国创新设计[J]. 全球化,2014(6)：5-13.

［6］许平. 设计创新创业：站在中国特色社会主义新时代最前沿[J]. 流行色,2017(11)：17-20.

［7］薛澜,柳卸林,穆荣. OECD中国创新政策研究报告[M]. 北京：科学出版社,2011.

［8］张立群. 以产品策略应对未来不确定性：一种基于情境规划的方法[C]//刘吉昆,蔡军. 设计管理创领未来：2011清华-DMI国际设计管理大会论文集. 北京：北京理工大学出版社,2011.

［9］中国工程院"创新人才"项目组. 走向创新：创新型工程科技人才培养研究[J]. 高等工程教育研究,2010(1)：1-19.

［10］左学金,王红霞. 大都市创新与人口发展的国际比较[J]. 社会科学,2009(2)：48.

［11］Bruce M, Morris B. Challenges and trends facing the UK design profession [J]. Technology Analysis & Strategic Management, 1996(4)：407-424.

［12］Cooper R, Press M. The design agenda: a guide to successful design management [M]. Chichester：John Wiley & Sons, 1995.

［13］Design Commission. Restarting Britain 2: design and public services [R]. UK：Design

Council, 2013.

[14] Design Council. The value of design factfinder report London[R]. UK: Design Council, 2007.

[15] Erichsen P G , Christensen P R. The evolution of the design management field: a journal perspective [J]. Creativity & Innovation Management, 2013, 22(2): 107—120.

[16] Kim Y J,Chung K W. Tracking major trends in design management studies [J]. Design Management Review, 2007(18): 42 – 48.

[17] Sun Q. Design industries and policies in the UK and China: a comparison[J]. Design Management Institute, 2010, 21(4): 70 – 77.

[18] Verganti R. Design driven innovation: changing the rules of competition by radically innovating what things mean [M]. Boston: Harvard Business school Press, 2009.

[19] Williams A, Cooper R, et al. 2020 Vision—the UK design industry 10 years on: implications for design businesses of the future[J]. Biogeosciences Discussions, 2009, 9 (11): 15541 – 15565.

[20] Woodham J M. Redesigning a chapter in the history of British design: the design council archive at the university of Brighton [J]. Journal of Design History, 1995(3): 225 – 229.

索　引